铁路列控中心测试与维护指南

《铁路列控中心测试与维护指南》编委会◎编

中国铁道出版社有限公司

2021年·北 京

内 容 简 介

本书以 LKD2-2-TH 型列控中心为例，较为系统地介绍了 CTCS-2/3 级列控系统中列控中心原理、功能静态测试项目及检查维护方法、设备维护、故障处理等内容。

本书既适用于列控设备开通使用前或设备施工后的功能验证测试，也适用于铁路信号专业技术干部和岗位相关人员的技能提升，同时为职工日常技术业务学习提供参考。

图书在版编目（CIP）数据

铁路列控中心测试与维护指南/《铁路列控中心测试与维护指南》编委会编．—北京：中国铁道出版社有限公司，2021．10

ISBN 978-7-113-28386-5

Ⅰ．①铁…　Ⅱ．①铁…　Ⅲ．①列车-运行-控制系统-指南　Ⅳ．①U284．48-62

中国版本图书馆 CIP 数据核字(2021)第 184624 号

书　　名：铁路列控中心测试与维护指南
作　　者：《铁路列控中心测试与维护指南》编委会

责任编辑：徐　清　　**编辑部电话：**(010)51873147　　**电子信箱：**357716058@qq.com
助理编辑：宋晗炜
封面设计：曾　程
责任校对：孙　玫
责任印制：高春晓

出版发行：中国铁道出版社有限公司(100054，北京市西城区右安门西街 8 号)
网　　址：http://www.tdpress.com
印　　刷：国铁印务有限公司
版　　次：2021 年 10 月第 1 版　2021 年 10 月第 1 次印刷
开　　本：787 mm×1 092 mm　1/16　**印张：**11.5　**字数：**261 千
书　　号：ISBN 978-7-113-28386-5
定　　价：56.00 元

编 委 会

前　言

列控中心（TCC）作为中国列车运行控制系统（CTCS，简称列控系统）地面设备的核心部分，是确保高速铁路、客运专线安全运行的主要技术装备，在CTCS-2/3级列控系统中发挥重要作用。列控中心具备轨道电路编码、站间安全信息传输、区间运行方向与闭塞控制、区间通过信号机点灯控制逻辑，临时限速及应答器报文组帧，并通过地面电子单元（LEU）及有源应答器向列控车载设备传送限速信息和进路信息等功能，实现列控系统行车许可的形成与管理。

验证列控中心是否满足列控系统总体技术方案和系统需求规范，就必须要对其功能进行测试验证。为了指导和规范列控中心功能测试的内容、步骤和方法，提高设备运用质量，保障铁路行车安全，我们在总结列控中心设备运用及测试经验的基础上编写了本书。

本书以LKD2-2-TH型列控中心为例，较为系统地介绍了CTCS-2/3级列控系统中列控中心原理、功能静态测试项目及检查维护方法、设备维护、故障处理等内容。全书共分四章。本书既适用于列控设备开通使用前或设备施工后的功能验证测试，也适用于专业技术干部和岗位相关人员的技能提升，同时为职工日常技术业务学习提供参考。

本书由中国铁路北京局集团有限公司职工培训部、电务部组织有关专家和专业技术人员编写及审定，肖云光、阎一文担任主编，董芳芳、杜立文、韩艳东、石磊、赵万全、张宁、刘文顺、郭学涛、康艳丽、王新军、裴瑞稳参加编写，全书经孙力建、孙强、刘业新、王东、高亮、何新普、刘亚希、崔清亮集体审定。在本书编写过程中，还得到了北京全路通信信号研究设计院刘长波、付长宁、谢天的帮助和支持，在此一并表示感谢。

书中有不妥之处，敬请指正。

编委会

2021年4月

目　　录

第一章　列控中心概述

列车运行控制系统(简称列控系统)是根据列车在线路上运行的客观条件和实际情况,对列车运行速度及制动方式等状态进行监督、控制和调整的技术装备,用以保证行车安全,同时也能提高行车效率。列控系统主要由地面设备、车载设备、数据传输网络、车地信息传输设备构成。

地面设备由计算机联锁(CBI)、列控中心(TCC)、调度集中(CTC)、临时限速服务器(TSRS)、无线闭塞中心(RBC)、ZPW-2000轨道电路、LEU与应答器、信号集中监测(CSM)等组成。地面设备提供监控列车所需要的线路允许速度、行车许可等基础数据。车载设备由车载安全计算机(VC)、GSM-R无线通信单元(RTU)、轨道电路信息接收单元(TCR)、应答器传输模块(BTM)、记录单元(JRU)、人机界面(DMI)等组成。车载设备将地面设备提供的信号动态信息、线路参数、临时限速等信息和动车组参数等信息进行处理,形成列车速度控制数据及列车制动曲线,监控列车安全运行。数据传输网络实现地面设备间的数据信息交互。车地信息传输设备完成地面设备和车载设备的信息交互。

列控中心是CTCS-2/3级列控系统地面设备的核心部分,设置于联锁车站、线路所及中继站。

在CTCS-2级运用时,列控中心通过安全通信协议、安全数据网通道冗余等措施,实现与计算机联锁系统、临时限速服务器、CTC系统、集中监测系统、轨道电路、相关列控中心、LEU等设备的信息交换,具备ZPW-2000A轨道电路编发码控制、区间轨道电路状态逻辑判断、区间运行方向控制及闭塞、区间通过信号机点灯控制、应答器报文产生与发送,根据轨道电路、进路状态及临时限速等信息产生行车许可,通过轨道电路及有源应答器将行车许可传送给CTCS-2级车载设备(见图1-1)。

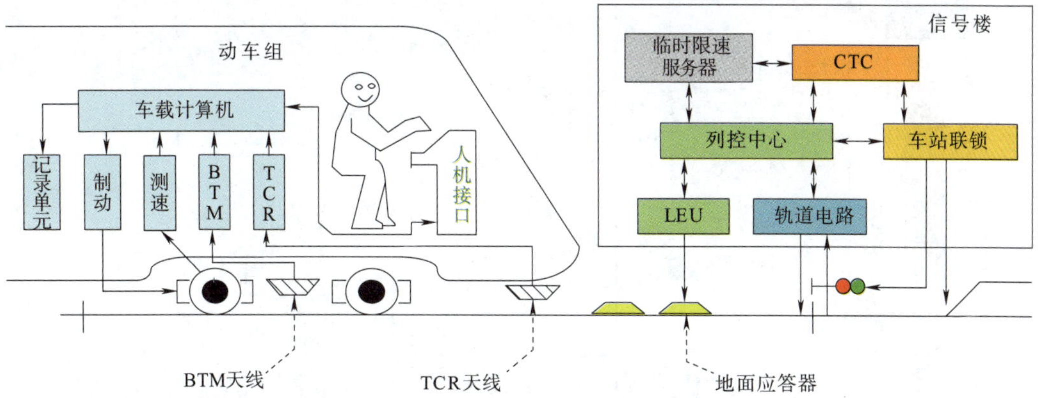

图1-1　CTCS-2级列控系统组成示意

在CTCS-3级列车运行控制系统中,列控中心负责车站、区间轨道电路的编码、区间方向控制和有源应答器的控制,向车站计算机联锁系统提供列车占用轨道信息,并通过计算机联锁系统传送给无线闭塞中心(见图1-2)。

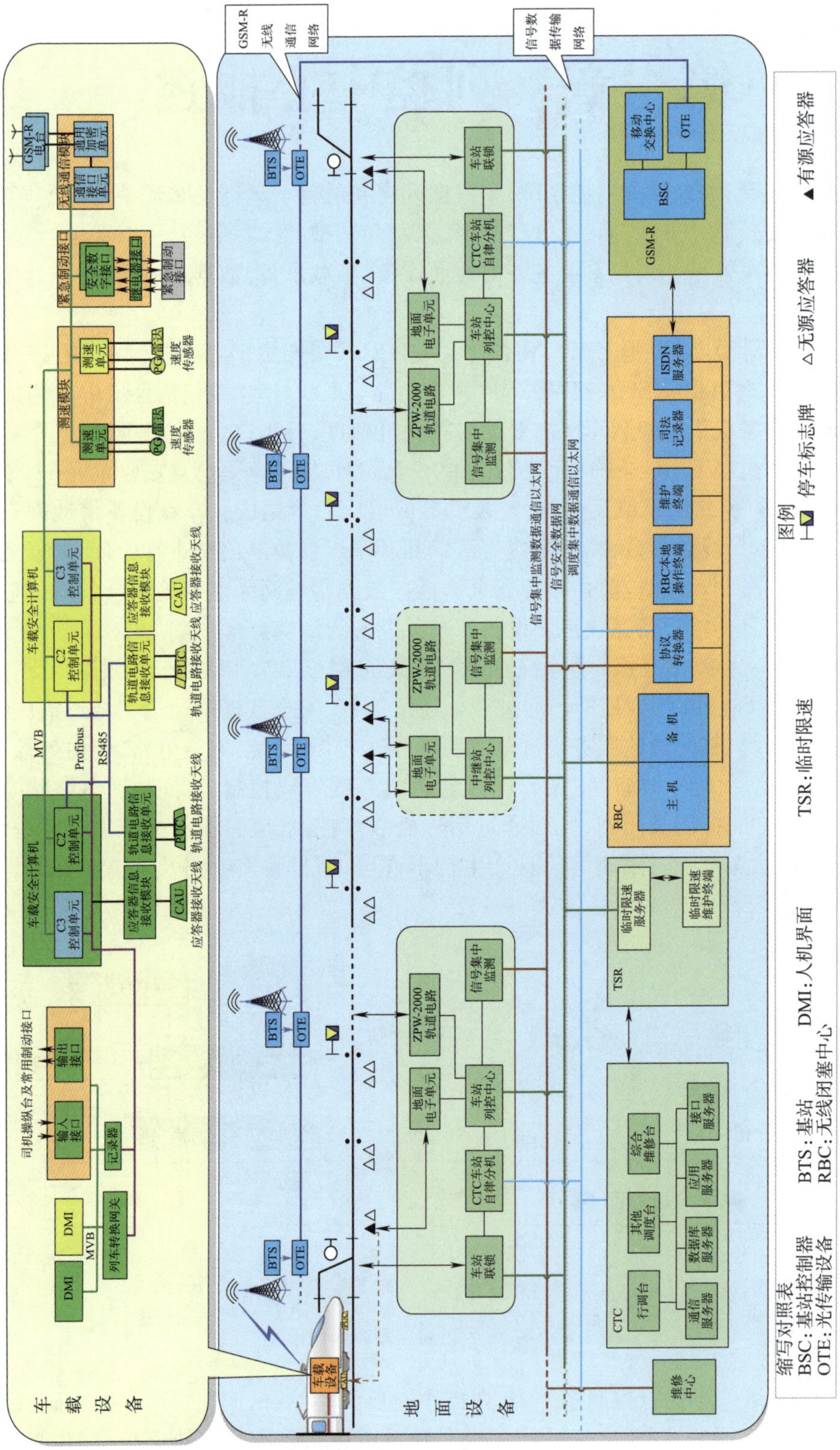

图 1-2 CTCS-3 级列控系统组成示意

第一节　列控中心内部系统构成

列控中心主要由安全主机单元、通信接口单元、驱动采集单元(输入输出)、辅助维护单元和冗余电源单元共5部分构成(见图1-3)。

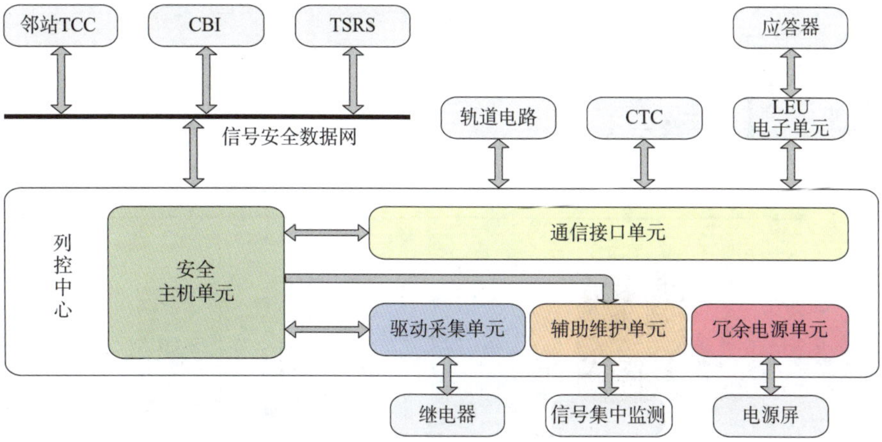

图1-3　列控中心内部系统构成示意

一、安全主机单元

安全主机单元是列控中心的核心设备,负责完成列控中心的逻辑处理和系统管理的任务。该主机单元具有高可靠性和高安全性。

安全主机单元由并列二重系组成,以主从方式并行运行。每一系采用"故障—安全"的双CPU处理器,称逻辑控制单元,用于完成列控中心逻辑运算和列控系统软件、硬件管理;两系之间通过并行接口建立的高速通道交换信息,实现二重系的同步和切换。每系安全主机单元由电源板、CPU板、通信扩展板、CAN总线扩展板、以太网通信板组成。

1. 电源板

电源板实现直流24 V至直流5 V的转变,为所在系逻辑电路提供稳定的5 V电源。

2. CPU板(逻辑核心处理板)

列控主机的二重系中,每一系各有一块CPU板,它可以完成列控逻辑运算、二重系间通信及切换控制、二重系一致性检查、系统的故障检测及报警、异常时停止动作等功能。每次上电列控主机需从面板上的ROM存储器CF卡读入列控主机程序和站场数据,存储在RAM中。

3. 通信扩展板

①实现列控主机与输入输出接口之间进行现场采集数据和输出控制数据的交换。

②实现列控主机与监测维护终端之间的数据交换。

4. CAN总线通信扩展板

实现列控主机与轨道电路设备以及通信接口单元之间数据的交换。

5. 以太网通信板

提供列控中心与安全数据网接入设备间独立的2路以太网通信接口。

二、通信接口单元

列控中心的通信接口单元，为列控中心提供了一个安全而且双冗余的通信通道。通信接口板把列控中心发出的 CAN 协议的指令转化为相应的协议后分别发送到轨道电路、CTC 以及 LEU 电子单元，同时也把从各个接口单元接收到的状态数据转化为 CAN 协议发送到列控主机以及把监测数据转化为 CAN 协议发送给监测维护终端(见图 1-4)。

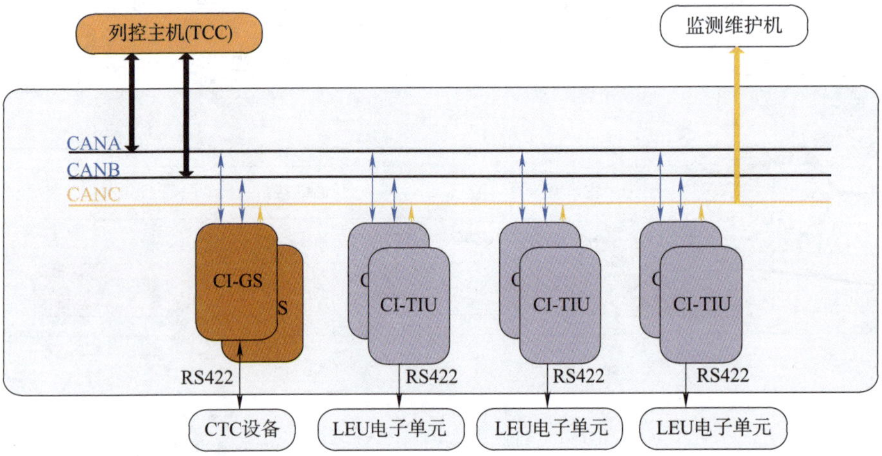

图 1-4　通信接口单元示意

1. CTC 通信接口板(CI-GS)

CTC 通信接口板(CI-GS)用于列控中心主机和 CTC 站机设备间的 RS422 串行总线通信，实现列控中心向 CTC 设备传送区间轨道电路状态、码序和方向信息。其中 CAN 总线(CANA、CANB)用于和列控主机交换数据，RS422 总线用于和 CTC 设备通信。

2. LEU 通信接口板(CI-TIU)

LEU 通信接口板(CI-TIU)用于和 LEU 设备通信，实现应答器报文的实时编码和向 LEU 发送；CI-TIU 板采用 RS422 串行总线通信，实现列控中心应答器报文的实时编码和 LEU 数据通信的功能。通信板接收列控中心主机的应答器用户数据，实时编码成应答器报文后向 LEU 发送，同时接收 LEU 设备反馈的应答器设备状态向列控中心主机传输。

3. 轨道电路通信接口板(CI-TC2)

轨道电路通信接口板(CI-TC2)用于列控中心主机和轨道电路设备间的 CAN 总线通信协议间互换，实现列控中心主机向轨道电路设备发送编码命令，并接收轨道电路设备的状态。其中，CAN 总线(CANA、CANB)用于和列控主机交换数据；CANC 用于发送监测数据给轨道电路监测维护终端；CAND、CANE 用于和轨道电路设备交换数据。轨道电路通信接口单元机笼中按照不同的站场类型来配置 CI-TC2 板。

4. 工业以太网通信单元

由工业以太网实现无线闭塞中心和联锁、联锁和列控中心、临时限速服务器和列控中心之间的安全数据通信，由光纤构成双网双冗余的工业以太环网。构成以太环网的交换机安装在列控中心设备机柜内。

三、驱动采集单元

列控主机和输入输出接口均采用“故障—安全”型双 CPU 构成的智能控制器，其输出电路按故障导向安全的原则设计。输入采集电路通过有效的自检测功能，能够检测出输入电路的故障，保证输入信息的安全性。输出驱动采用双 CPU 动态和静态信号比较校核，保证输出的安全性。电子终端采用并列两重系结构，单板的故障不影响系统的输入和输出。输出驱动和输入采集均采用静态方式，输出直接驱动安全型继电器，输入采集直流 24 V 信号。

列控主机与输入输出接口之间的物理连接通过光缆实现。列控主机的通信扩展板是列控主机与输入输出接口的通信接口，通过接口板引出光缆。

四、辅助维护单元

列控中心具有故障自诊断功能，系统故障应能定位到板级/模块。列控中心设备应配置辅助维护单元，用于实现列控中心设备的维护诊断。辅助维护单元应具备以下功能：

1. 设备状态数据的监测和记录

①监测记录列控中心各设备单元的工作状态（含 LEU 和应答器）。

②监测记录列控中心的系统连接及通信状态，包括列控中心设备与联锁、CTC、TSR 服务器、轨道电路设备、LEU 和列控中心站间的通信通道状态。

2. 设备应用场景数据的监测及记录

轨道电路编码信息、区间点灯信息、实时应答器报文信息、临时限速信息、车站列车进路信息。

3. 维护报警

①一级报警（故障影响设备正常工作）。

②二级报警（故障不影响设备正常工作）。

③预警信息（通过逻辑分析，可能发生故障）。

4. 界面显示

列控中心设备工作状态工况图显示、应用场景数据站场图显示、报警维护信息显示。

5. 与信号集中监测接口

向信号集中监测系统发送列控中心设备的状态信息和报警信息。辅助维护终端数据记录时间应不小于 30 天，并具备对记录数据回放功能。

五、冗余电源单元

从智能电源屏输入的 220 V 电源经过 UPS 后向列控中心设备供电。

①车站列控中心 LEU 机柜内部单独配置两个 24 V 电源模块，提供冗余的一路 24 V 电源（30 A），为机柜中 LEU 设备供电。

②中继站列控中心轨道电路接口及监测机柜（综合柜）内部单独配置两个 24 V 电源模块，提供冗余的一路 24 V 电源（30 A），为机柜中 LEU 设备供电。

③辅助维护终端相关设备由智能电源屏输出 2 路 AC 220 V 中的其中一路供电，所有机柜风扇由另外一路供电。

24 V 电源实现将外部 UPS 提供的 AC 220 V 电源转换为内部各个单元使用的 DC 24 V。

两个冗余的 24 V 电源分别输出两路独立的 DC 24 V，为列控中心设备提供稳定的逻辑 24 V 电源(L24 V)和接口 24 V 电源(I24 V)。其中逻辑 24 V 电源给列控中心主机、输入输出接口板、通信接口及轨道电路通信接口单元供电；接口 24 V 电源给输入输出板、输出接口驱动继电器及输入接口采集继电器供电。

所有受列控中心主机控制的继电器 24 V 电源，均由接口 24 V 电源(I24 V)电源供电。当列控中心主机驱动继电器时，由列控中心输出 I24 V+极经过继电器线圈，回到 I24 V—极，I24 V—极为公共回线；当列控中心采集继电器状态时，继电器接点组的中间接点连接到 I24 V+极，经过采集接点组的前接点或后接点回到列控中心 I24 V—极。不受列控中心主机控制的继电器的电源仍使用智能电源屏电源(见图 1-5)。

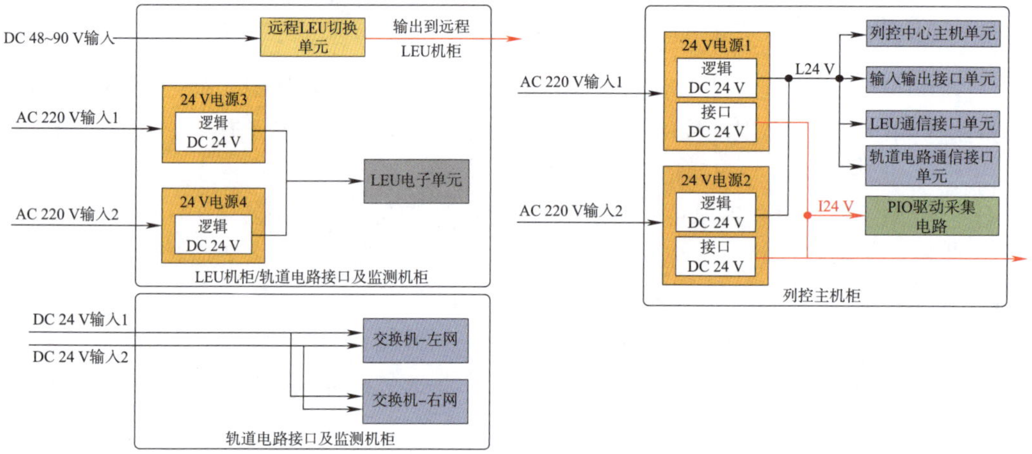

图 1-5　冗余电源单元示意

第二节　列控中心外部接口配置

列控中心与车站联锁(CBI/IL)、ZPW-2000(UM)系列轨道电路、临时限速服务器(TSRS)、相邻列控中心、管辖范围内的中继站列控中心、地面电子单元(LEU)、信号集中监测(CSM)和 CTC 车站自律分机配置通信接口(见图 1-6)。

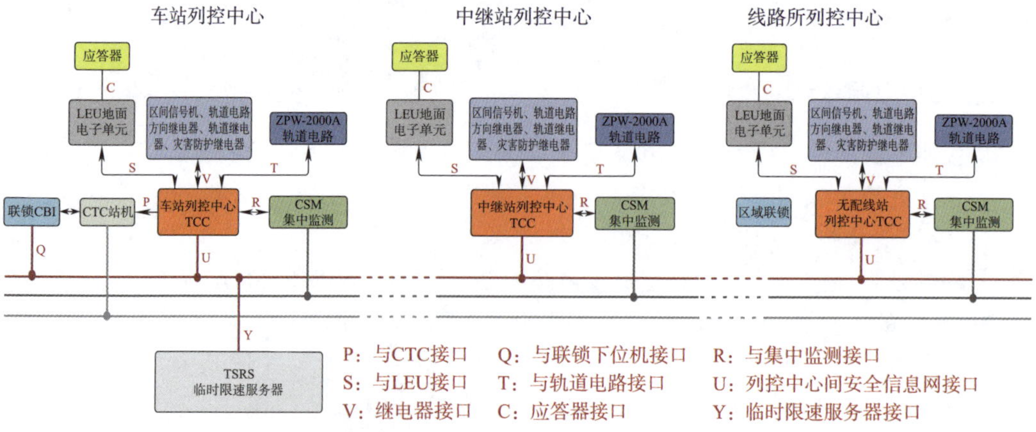

图 1-6　列控中心外部接口配置示意

一、TCC与计算机联锁系统接口

为掌握各类控车信息，同时完成TCC对轨道电路方向、编码的控制、站间安全信息传输功能，车站列控中心需要接收计算机联锁设备的进路状态信息、进路类型及进路信息车站信号机点灯状态信息、调车信号机状态、改方请求等信息；同时向计算机联锁系统发送区间方向信息、区间闭塞分区状态信息、信号机降级命令和灾害防护信息等。计算机联锁系统接入信号安全数据网上，TCC设备通过该网的以太网接口和联锁设备建立通信（见图1-7）。

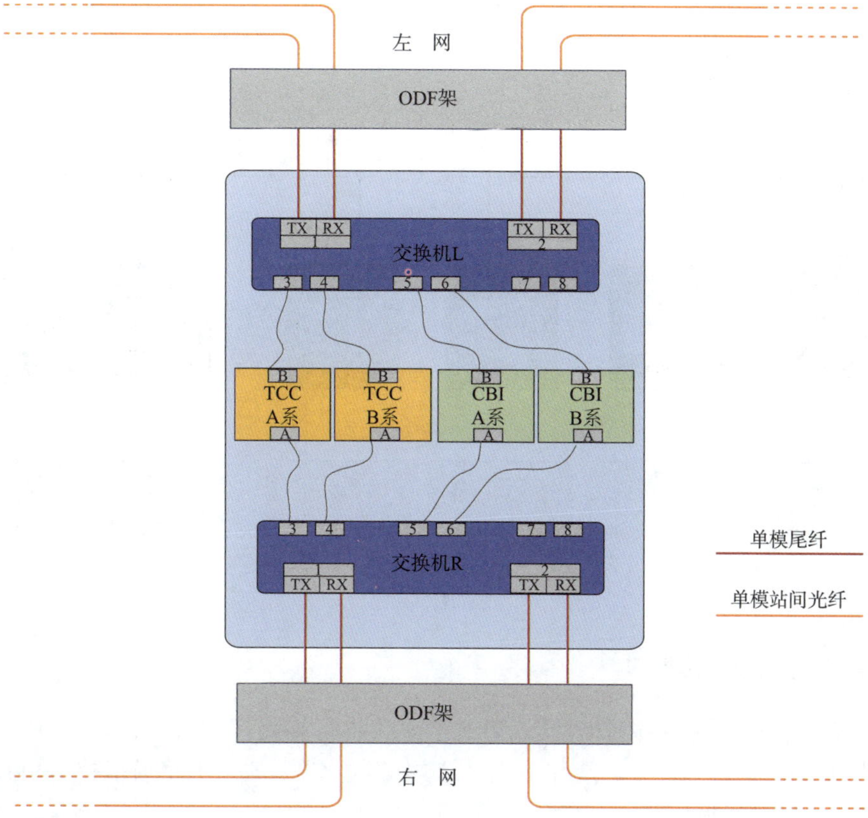

图1-7　TCC与联锁系统接口示意

二、TCC与CTC接口

目前，区间轨道电路的状态和发码情况均由TCC传递给CTC系统，由于CTC系统不设在信号安全数据网络上，故车站列控中心通过RS422接口向CTC设备传输其管辖范围内的闭塞分区状态、区间方向信息和列控中心及其管辖的中继站设备状态信息（见图1-8）。

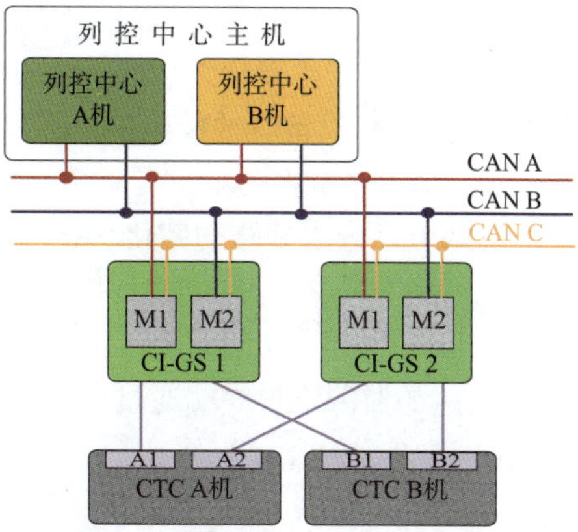

图1-8　TCC与CTC接口示意

三、TCC 与 LEU 接口

TCC 需要根据来自计算机联锁的进路信息选择对应的进路信息报文传给 LEU；同时根据来自 TSRS 的限速命令进行报文组帧传给 LEU，进而将可变信息通过应答器传递给车载设备，用于生成 CTCS-2 级列控系统的移动授权。接口数量按照车站中有源应答器的数量配置，列控中心能控制 16 台 LEU(见图 1-9)。

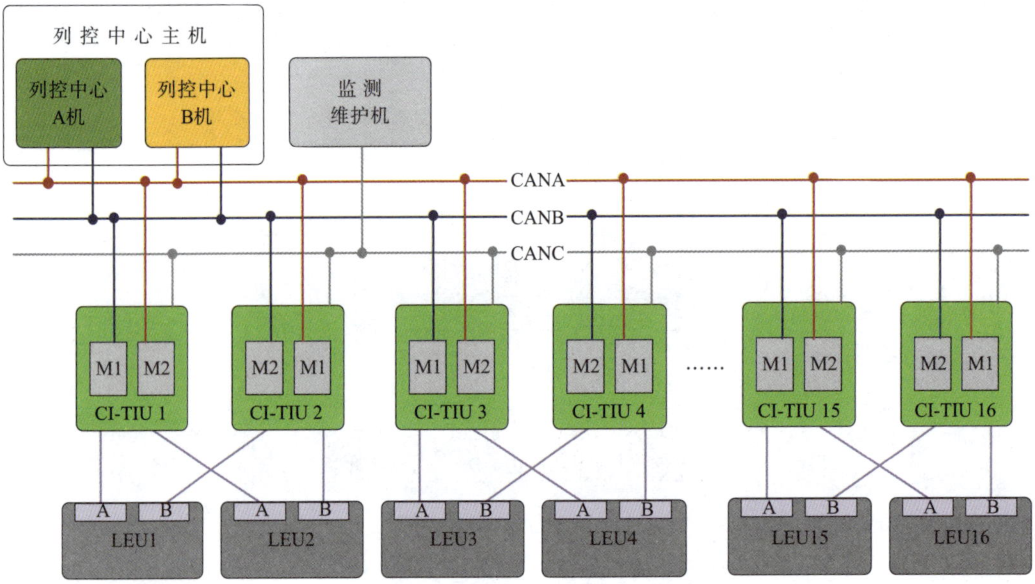

图 1-9　TCC 与 LEU 接口示意

四、TCC 与轨道电路接口

TCC 需要根据运行前方列车状况，对轨道电路进行编码控制，包括低频码序、载频、时机、方向控制等。每台列控中心能和 10 个移频柜建立连接，轨道电路通信接口单元中的每对轨道电路通信接口板控制 1 个移频柜(见图 1-10)。

五、TCC 与 TSRS 接口

TCC 通过信号安全数据网接收临时限速服务器的初始化命令、临时限速命令信息以及时钟信息，进行设备时钟校正。向临时限速服务器传输临时限速状态、轨道区段状态、区间方向信息和初始化状态。对于具有区间逻辑检查功能的 TCC，上电启动时应从 TSRS 获得区间闭塞分区失去分路初始化状态(见图 1-11)。

六、TCC 与监测系统接口

TCC 的监测维护终端通过以太网接口向集中监测系统传送 TCC 的状态信息和报警信息，接口类型为 RJ45(见图 1-12)。

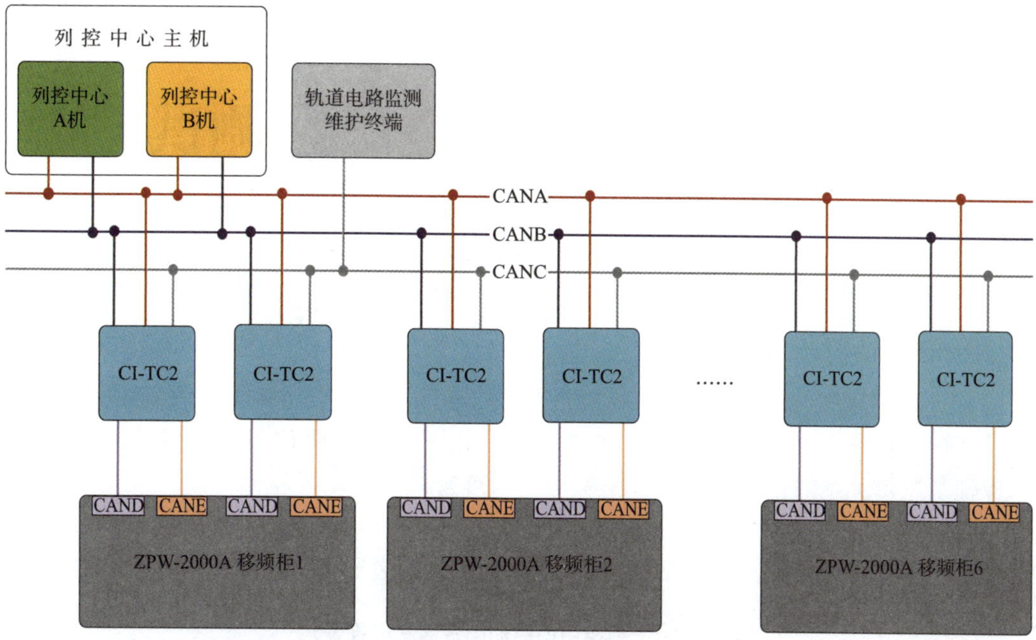

图 1-10　TCC 与轨道电路接口示意

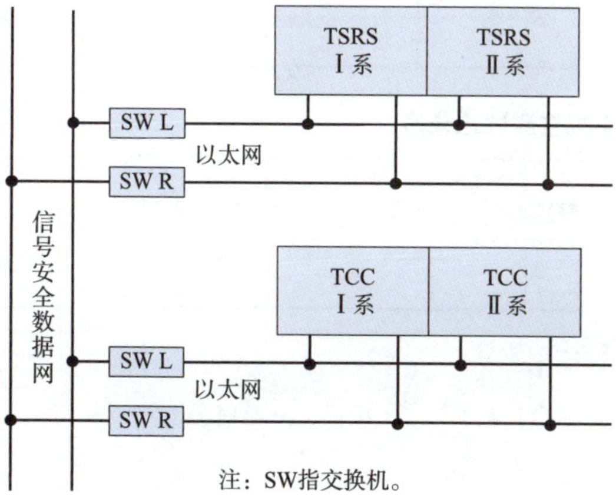

图 1-11　TCC 与 TSR 接口示意

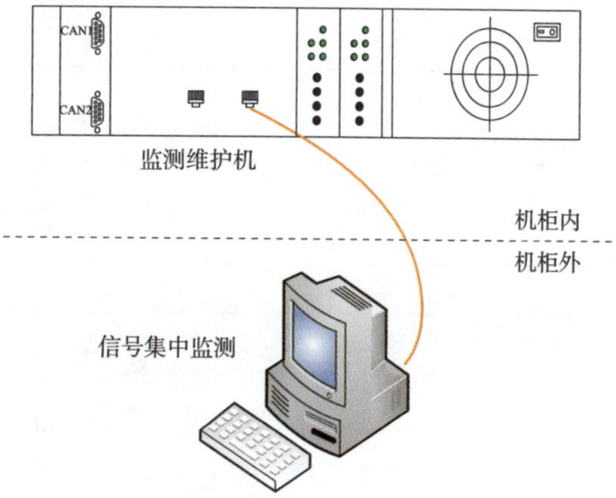

图 1-12　TCC 与监测系统接口示意

第二章　列控中心静态测试

第一节　基本配置信息

一、列控中心驱动、采集配置测试

列控中心与继电接口通过驱采单元进行数据交互，完成对继电器的驱动以及状态采集，并通过维护终端 PIO 实时反馈。列控中心驱动采集信息码位与继电器唯一的配置关系，保证了逻辑关系的正确执行。

（一）测试记录表格

列控中心驱动、采集配置测试使用的试验表格，参照表 2-1、表 2-2 所示。

表 2-1　列控中心驱动配置测试记录表

通道号	驱动板 1	码位核对	驱动板 2	码位核对	驱动板 3	码位核对	驱动板 4	码位核对	驱动板 5	码位核对	通道号
	名称		名称		名称		名称		名称		
1											1

表 2-2　列控中心采集配置测试记录表

通道号	采集板 1	码位核对	采集板 2	码位核对	采集板 3	码位核对	采集板 4	码位核对	采集板 5	码位核对	通道号
	名称		名称		名称		名称		名称		
1											1

（二）表格填写说明及试验方法

1.“名称”：填写该位置的设备名称，如 ZGFJ、FQJ、1DG-GJQ、1DG-GJH。

2.“码位核对”：驱动、采集信息与实际继电器名称、状态一一对应。可通过维护终端 PIO 信息表、接口柜图纸信息与实际继电器进行核对。

（1）列控中心驱动时驱动信息位显示 L 灯，核对驱动的继电器在吸起状态。

（2）采集继电器在吸起、落下状态，核对相应的采集信息位显示 L 灯。

二、进路号一致性测试

列控中心与联锁（CBI）接口通过信号安全数据网对进路信息进行数据交互，依据“联锁表”中信号机、道岔、进路相互制约的关系，正确处理方向电路转换、轨道电路编码、临时限速与降级显示、应答器报文组帧等功能。对于引导进路，因“联锁表”中不单独计列，故列控中心按编制规则单独设立引导进路编号，以区分同一条进路的性质。

（一）测试记录表格

进路号一致性测试使用的试验表格，参照表 2-3 所示。

表 2-3　进路号一致性测试记录表

列控进路编号	列控引导进路编号	联锁进路编号	始端信号按钮	变通按钮	终端信号按钮	进路关键道岔位置	试验结果	备注
1	2	3	4	5	6	7	8	9

(二)表格填写说明及试验方法

1.“列控进路编号”:填写列控模拟机始端信号机旁显示的该进路编号。

2.“列控引导进路编号”:填写列控模拟机始端信号机旁显示的该引导进路编号。

3.“联锁进路编号”:填写“联锁表”给定的进路号码。对通过进路等组合进路以接车进路号加发车进路号组合填写,不单独计入进路总数中。

4.“始端信号按钮”:填写“联锁表”中该进路始端按钮的名称。

5.“变通按钮”:填写“联锁表”中该进路变通按钮的名称。

6.“终端信号按钮”:填写“联锁表”中该进路终端按钮的名称。

7.“进路关键道岔位置”:填写“联锁表”中该进路所有道岔的定、反位状态。

8.“试验结果”:依据“列控进路数据表”“联锁表”核对列控维护终端、联锁操表机、CTC车务终端上该进路的编号(见图 2-1)、始终端按钮、变通按钮、进路关键道岔位置等信息的正确性和一致性。

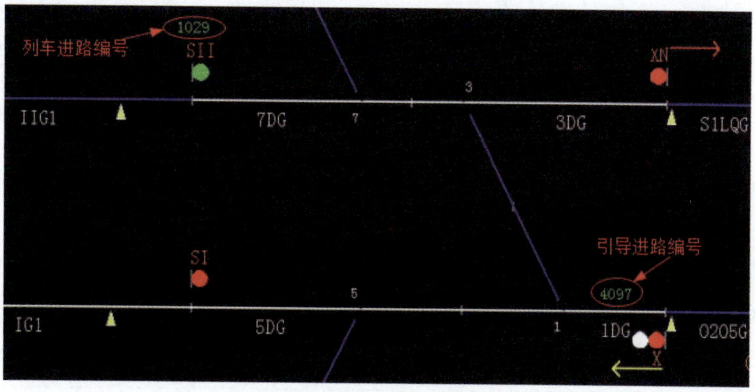

图 2-1　列控进路编号示意

三、轨道电路对位测试

列控中心与 ZPW-2000 接口通过通信接口单元进行数据交互,实现对发送器的控制,以及轨道电路编码的传输,并能正确处理轨道电路返回的状态信息。同时将区间轨道电路状态向 CTC 系统实时反馈。正确处理轨道电路状态是保证站内联锁关系和区间占用逻辑检查的关键。

(一)测试记录表格

轨道电路对位测试使用的试验表格,参照表 2-4 所示。

表 2-4 轨道电路对位测试记录表

区段号/移频柜号		移频柜 1	占用后其他设备状态显示			测试结果	移频柜 2	占用后其他设备状态显示			测试结果
			CBI	CTC	TCC			CBI	CTC	TCC	
区段一	名称										
	载频										

(二)表格填写说明及试验方法

1.“移频柜号”:填写实际移频柜编号,如 Y1、YP1、YPG1。

2.“区段名称”:填写移频柜该位置轨道区段名称,如 1DG、ⅠG1、0010AG。

3.“区段载频”:填写移频柜该位置轨道区段载频,如 1700-1、2000-2。

4.“占用后其他设备状态显示”:填写该轨道区段物理占用后,联锁 CBI、调度集中 CTC、列控 TCC 等终端上该轨道区段状态,如空闲、占用。

5.“测试结果”:核对联锁 CBI、调度集中 CTC、列控 TCC 等终端上该轨道区段状态显示与实际该区段物理状态的一致性。

第二节 区间运行方向与闭塞控制

双方向自动闭塞线路,为实现列车区间运行方向的改变,联锁设置继电式方向电路。在 CTCS-2/3 级线路中,此功能由列控中心完成。“正常改方”和“辅助改方”是改变区间运行方向的基本操作方式。列控中心根据联锁系统输入信息,按四线制方向电路原理驱动正改方继电器(ZGFJ)、反改方继电器(FGFJ)、控制方向继电器(FJ)转换,完成区间运行方向的改变。

一、车站改方功能测试

(一)测试记录表格

车站改方功能测试使用的试验表格,参照表 2-5 所示。

表 2-5 车站改方功能测试记录表

改方口名称	改方类型	改方方向	联锁区间方向显示	测试结果	备 注
1	2	3	4	5	6
S 口	正常改方	由接车方向→发车方向	上行反向		
		由发车方向→接车方向	上行正向		
	辅助改方	由接车方向→发车方向	上行反向		模拟区间占用
		由发车方向→接车方向	上行正向		模拟区间占用

(二)表格填写说明及试验方法

1.“改方口名称”:填写车站含方向电路的双方向进站口处信号机名称,如 S 口、SN 口。

2.“改方类型”:填写改方操作的类型,如正常改方、辅助改方。

3.“改方方向”:填写改方操作的方向,如由接车方向→发车方向、由发车方向→接车方向。

4."联锁区间方向显示":填写联锁操表机该口的方向。发车方向为绿色向站外的箭头,接车方向为黄色向站内的箭头(见图 2-2)。如上行正向、下行反向。

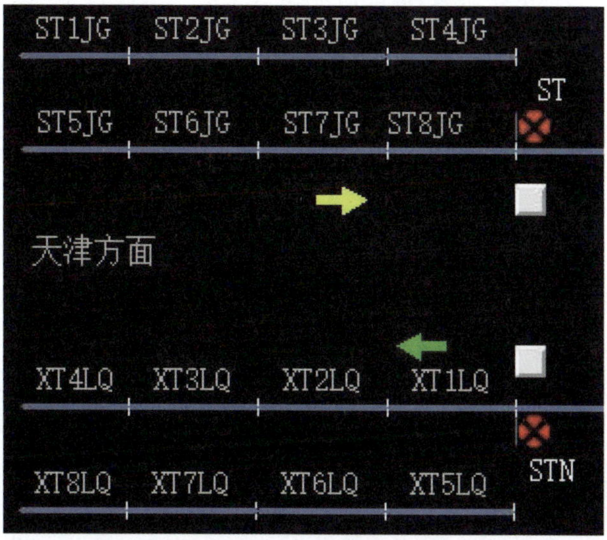

图 2-2　区间方向显示示意

5."测试结果":核对每个方向口,正常改方或辅助改方条件下,由接车方向→发车方向或由发车方向→接车方向操作后,联锁操表机上的显示是否正确。

(1)车站列控中心在改变运行方向过程中,如从驱动 FJ 动作之后的 13 s 内,本站及所管辖中继站的区间 FJ 和 FQJ 继电器未动作到位,则应认为改变运行方向失败,列控中心维持原来的闭塞方向。

(2)在区间轨道电路故障而不能正常改变运行方向时,可使用辅助方式办理改变运行方向作业。区间空闲时,辅助改变运行方向命令无效。

(3)反向运行时,区间制式按站间闭塞处理,因此出站信号开放,要检查整个区间空闲(动车走行线等特殊区间情况除外)。

(4)当运行方向改变期间,相应区间轨道区段低频发检测码(27.9 Hz)。当运行方向改变完毕,区间轨道区段按其运行方向追踪码序发码。

(5)当列控中心区间方向为无方向状态时,相应区间轨道区段低频发检测码(27.9 Hz),相应区间口有源应答器发送列控中心默认报文。

(6)车站列控中心重启后,应根据以下条件初始化区间方向:

①列控中心上电启动后,与邻站通信正常,且邻站为发车方向,则本站初始化为接车方向。

②列控中心上电启动后,与邻站通信正常,且邻站为接车方向,本站 FJ 为发车方向,则本站初始化为发车方向。

③上电初始化 6 s时间内,未满足上述条件完成本站方向初始化,则本站初始化为无方向。

(7)车站与相邻车站或中继站列控中心通信中断后,本车站区间方向维持中断前方向不变。

(8)正常改方:

①由接车方向→发车方向:当区间空闲,对方站未办理发车进路时,原接车站按压"改方"按钮后,办理该方向口发车进路,应能改变运行方向。方向显示由黄色接车箭头变为绿色发车箭头。

②由发车方向→接车方向:当区间空闲,原接车站不存在向该方向口的发车进路,原接车站随对方站办理发车进路,应能自动改变运行方向。方向显示由绿色发车箭头变为黄色接车箭头。

(9)辅助改方:

①由接车方向→发车方向:模拟区间占用,双方站未办理发车进路时,原接车站按压"总辅助"按钮后,再次按压"发辅助"按钮,25 s 倒计时内,对方站按压"总辅助"按钮后,再次按压"接辅助"按钮,应能改变运行方向。方向显示由黄色接车箭头变为绿色发车箭头。

②由发车方向→接车方向:模拟区间占用,双方站未办理发车进路时,原接车站按压"总辅助"按钮后,再次按压"接辅助"按钮,5 s 倒计时内(对标版联锁该时间为 15 s),对方站按压"总辅助"按钮后,再次按压"发辅助"按钮,应能改变运行方向。方向显示由绿色发车箭头变为黄色接车箭头。

二、中继站改方功能测试

(一)测试记录表格

中继站改方功能测试使用的试验表格,参照表 2-6 所示。

表 2-6 中继站改方功能测试记录表

改方口名称	主站区间方向	中继站区间方向	测试结果	备　注
1	2	3	4	5
上行	上行正向	上行正向		
	上行反向	上行反向		

(二)表格填写说明及试验方法

1."改方口名称":填写中继站上、下行线别名称,如上行、下行。

2."主站区间方向":填写中继站所属主站相应区间方向口显示,如上行正向、下行反向。

3."中继站区间方向":填写中继站相应区间方向口显示。如上行正向。

4."测试结果":逐一核对上、下行改方口主站与中继站的区间方向显示一致性。中继站改方需通过改变该中继站所属主站相应区间口方向实现。

(1)中继站的列控中心重启后,应根据以下条件初始化区间方向:

①中继站的列控中心上电启动后,与主站通信正常,与主站方向保持一致。

②中继站的列控中心上电启动后,与主站通信中断,按无方向处理。

(2)中继站与主站列控中心通信中断后,区间方向维持中断前方向不变。

三、方向(切换)继电器状态测试

(一)测试记录表格

方向(切换)继电器状态测试使用的试验表格,参照表 2-7 所示。

表 2-7　方向(切换)继电器状态测试记录表

设备类型	试验项目	试验内容及要求	核对结果	备　注
1	2	3	4	5
站内方向继电器	办理进路	正向进路,方向继电器吸起;反向进路,方向继电器落下		
	取消进路	方向继电器状态不变		
	列车占用	办理进路,信号开放后,模拟列车顺序占用和出清,检查进路上各区段(包括占用和已出清区段)方向继电器状态不变。股道由多个轨道区段组成时,当列车占用前方轨道区段时,占用区段后方的轨道区段发码应转为向另一方向发码		
	引导进路	正向进路,方向继电器吸起;反向进路,方向继电器落下		
	列控中心重启	方向切换继电器落下		
区间方向切换继电器	正向	区间方向切换继电器状态落下		没有区间方向继电器的状态
	反向	区间方向切换继电器状态吸起		没有区间方向继电器的状态

(二)表格填写说明及试验方法

1."站内方向继电器":站内每个轨道区段应设置独立的发码方向切换继电器(以下简称 FQJ),实现发码方向的切换。车站的每个发车口(含反向)设置一个方向继电器(以下简称 FJ),列控中心通过控制改方继电器(以下简称 GFJ)来实现区间轨道电路方向的切换。

(1)列控中心根据列车进路,分别驱动相应的站内 FQJ,控制轨道电路发码方向和进路方向一致。站内 FQJ 吸起表示反向发码,落下表示正向发码;FJ 吸起表示区间正方向,落下表示区间反方向。

(2)列控中心采集站内 FQJ 的状态,当驱动采集不一致时,应发送 HU 码(26.8 Hz)或检测码(27.9 Hz),并发送报警信息。

(3)站内进路上的轨道区段在前方占用或本区段解锁后,本区段的 FQJ 状态维持原方向不变。

(4)站内轨道区段默认方向为线路运行正方向,TCC 设备启动后,站内区段发码方向应先置为默认方向(见图 2-3)。

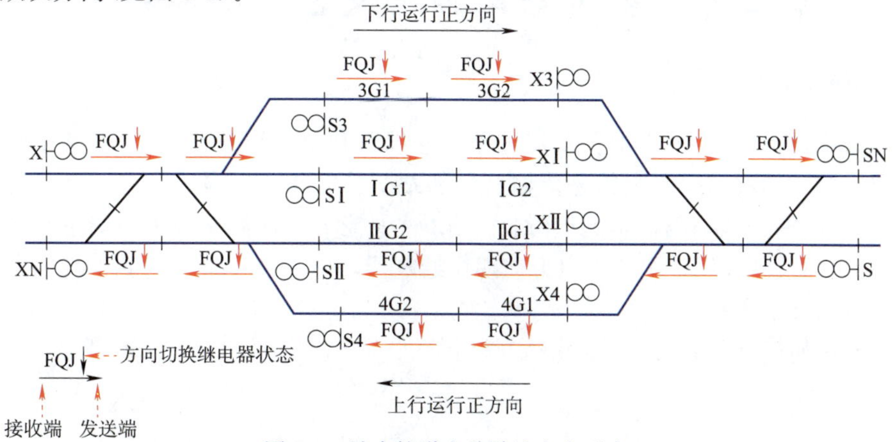

图 2-3　站内轨道电路默认方向示意

(5)有折返作业且有多个轨道区段组成的股道，当列车占用股道中列车运行前方的轨道区段(如图 2-4 中的 3G2)时，其后方的轨道区段(如图 2-4 中的 3G1)发码应转为向另一方向发码(引导进路除外)，实现股道双端发码功能(见图 2-4)。

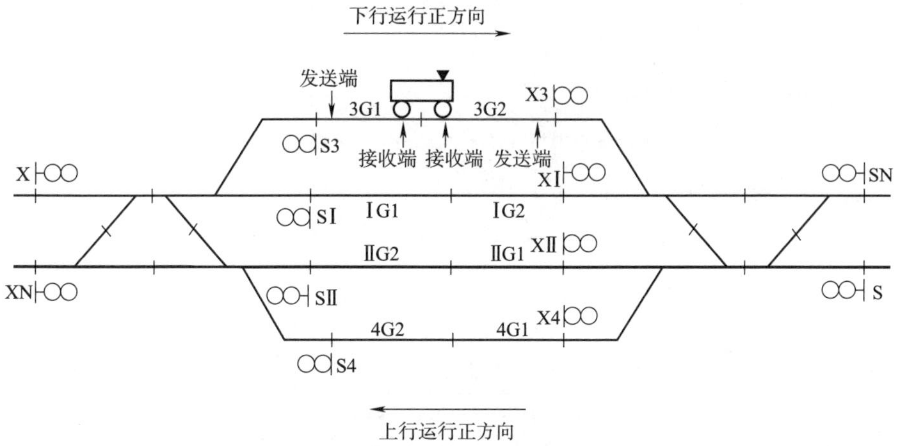

图 2-4 站内股道区段发码方向控制示意

2."区间方向切换继电器"：区间每个轨道电路设置 FQJ 用于改变轨道电路的发码方向，由 FJ 来驱动区间 FQJ 的动作。

(1)区间 FQJ 吸起表示反向发码，落下表示正向发码。

(2)列控中心应同时采集区间 FQJ 和 FJ 的状态，两者比较不一致时，应控制相应的区间轨道区段发送检测码(27.9 Hz)，并发送报警信息。

(3)列控中心检测到区间 FJ 的驱动采集不一致时，应控制相应的区间轨道区段发送检测码(27.9 Hz)，并发送报警信息。

(4)列控中心检测到区间 FQJ 的驱动采集不一致时，应控制相应的区间轨道区段发送检测码(27.9 Hz)，并发送报警信息。

3."核对结果"：按"试验内容及要求"说明现场核对站内方向继电器 FJ 及区间方向切换继电器 FQJ 状态等情况。

第三节 轨道电路编码及占用逻辑检查

一、码序测试

按照编码逻辑，列控中心根据联锁进路信息以及轨道电路状态信息，对各个轨道区段进行编码。同时通过站间安全信息传输获得邻站所管辖相关区段的状态以及其他编码所需信息，实现闭塞分区编码逻辑的连续性。此外，列控中心根据站内进路信息和区间运行方向，驱动站内及区间轨道电路发码方向切换继电器(FQJ)，控制轨道电路的发码方向。

(一)测试记录表格

码序测试使用的试验表格，参照表 2-8 所示。

表 2-8 码序测试记录表

X←SⅡ←SN

邻站(0437AG)	1-7DG	3-5DG	ⅡG1	ⅡG2	4-6DG	2-10DG	X1LQG	0483BG	0483AG	0507BG	0507AG	0529BG	0529AG	说 明
L5	JC	JC	HU	HU	HU	HU	UUS	UUS	UUS	U2S	U2S	LU	LU	(邻站)L5 (SN 开放ⅡG,SⅡ关闭)
L4	JC	JC	HU	HU	HU	HU	UUS	UUS	UUS	U2S	U2S	LU	LU	(邻站)L4 (SN 开放ⅡG,SⅡ关闭)
L3	JC	JC	HU	HU	HU	HU	UUS	UUS	UUS	U2S	U2S	LU	LU	(邻站)L3 (SN 开放ⅡG,SⅡ关闭)
L2	JC	JC	HU	HU	HU	HU	UUS	UUS	UUS	U2S	U2S	LU	LU	(邻站)L2 (SN 开放ⅡG,SⅡ关闭)
L	JC	JC	HU	HU	HU	HU	UUS	UUS	UUS	U2S	U2S	LU	LU	(邻站)L (SN 开放ⅡG,SⅡ关闭)
LU	JC	JC	HU	HU	HU	HU	UUS	UUS	UUS	U2S	U2S	LU	LU	(邻站)LU (SN 开放ⅡG,SⅡ关闭)
U	JC	JC	HU	HU	HU	HU	UUS	UUS	UUS	U2S	U2S	LU	LU	(邻站)U (SN 开放ⅡG,SⅡ关闭)
HU	JC	JC	HU	HU	HU	HU	UUS	UUS	UUS	U2S	U2S	LU	LU	(邻站)HU (SN 开放ⅡG,SⅡ关闭)
占用	JC	JC	HU	HU	HU	HU	UUS	UUS	UUS	U2S	U2S	LU	LU	(邻站)占用(SN 开放)
			HB	HB	HB	HB	UUS	UUS	UUS	U2S	U2S	LU	LU	SN 开放ⅡG,SⅡ开放引导
							HU	HU	HU	U	U	LU	LU	SN 进站关闭
							HB	HB	HB	U	U	LU	LU	SN 开放引导
							占用	JC	JC	HU	HU	U	U	X1LQG 占用
								占用	JC	HU	HU	U	U	0483BG 占用
									占用	HU	HU	U	U	0483AG 占用
										占用	JC	HU	HU	0507BG 占用
											占用	HU	HU	0507AG 占用
												占用	JC	0529BG 占用
													占用	0529AG 占用

(二)表格填写说明及试验方法

1. 低频信息对照

参照表 2-9,按照设计提供的“码序图”预制试验表格并核对码序。

表 2-9 低频信息对照表

信息名称	L5	L4	L3	L2	L	LU	U	U2
频率(Hz)	21.3	23.5	10.3	12.5	11.4	13.6	16.9	14.7
信息名称	UU	UUS	U2S	HB	HU	H	JC	SP
频率(Hz)	18	19.1	20.2	24.6	26.8	29	27.9	25.7

L5:表示运行前方 7 个及以上闭塞分区空闲。

L4:表示运行前方 6 个闭塞分区空闲。

L3:表示运行前方 5 个闭塞分区空闲。

L2:表示运行前方 4 个闭塞分区空闲。

L:表示运行前方 3 个闭塞分区空闲。

LU:表示运行前方 2 个闭塞分区空闲。

U:表示运行前方 1 个闭塞分区空闲且开通直向。

U2:表示运行前方 1 个闭塞分区空闲且开通直向,该空闲闭塞分区为 UU 码。

UU:表示运行前方信号机开放经道岔侧向位置的进路。

UUS:表示运行前方信号机开放经 18 号及以上道岔侧向位置的进路,且次一架信号机开放经道岔的直向或 18 号及以上道岔侧向位置的进路。

高速铁路及仅运行动车组的区段,表示列车接近的地面信号机开通经 18 号及以上道岔侧向位置的进路,且进路允许速度不低于 80 km/h。

U2S:表示运行前方 1 个闭塞分区空闲且开通直向,该空闲闭塞分区为 UUS 码。

HB:表示运行前方信号为引导信号。

HU:表示运行前方信号关闭。

H:表示立即采取紧急停车。异物侵限或地震灾害后,相应区段发 H 码。

JC:表示一个闭塞分区内前方区段占用,后方区段发送检测码或轨道占用检查。

SP:表示按照相应要求实现转频或锁频(列控中心不发送转频码)。

2. 发码原则

(1)列车进路信号没有开放时,列控中心应向股道发送 HU 码,道岔区段发送检测码。

(2)列车正常进入站内后,如站内股道由两段及以上轨道电路组成,当车占压运行前方轨道区段后,其后方轨道区段发送检测码,如果站内股道由一段轨道电路组成,则发送 HU 码。

(3)区间正向或反向运行,列控中心均应根据前方轨道区段占用状态以及前方车站接车信号开放情况,按照追踪码序发码(见图 2-5)。

(4)闭塞分区空闲时,同一闭塞分区内的所有轨道区段发码应保持一致。由多个轨道区段组成的闭塞分区,列车所在区段及运行前方所有区段发送正常码,后方各区段均发送检测码(见图 2-5)。

(5)对于列车进路,列车压入进站或出站信号机内方第一区段后,如轨道电路信息变化

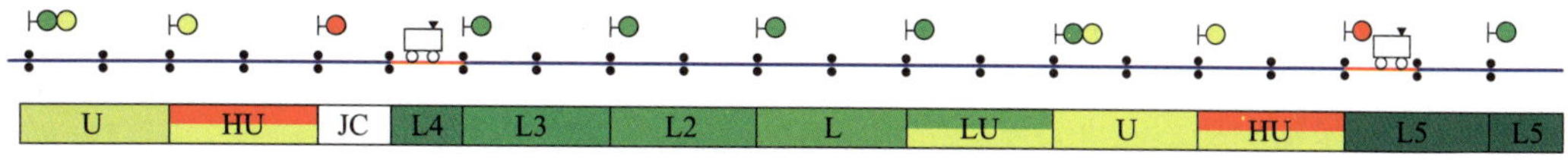

图 2-5　区间轨道电路追踪发码示意

为升级码序时，列控中心应在列车占用并发送原低频码 4 s 后再改变咽喉区的低频码。

(6)列控中心通过站间安全信息传输获得邻站边界区段的状态以及编码所需信息，实现闭塞分区编码逻辑的连续性。当邻站列控中心传输的边界轨道电路低频码为检测码时，本站边界应发送 HU 码(见图 2-6)。

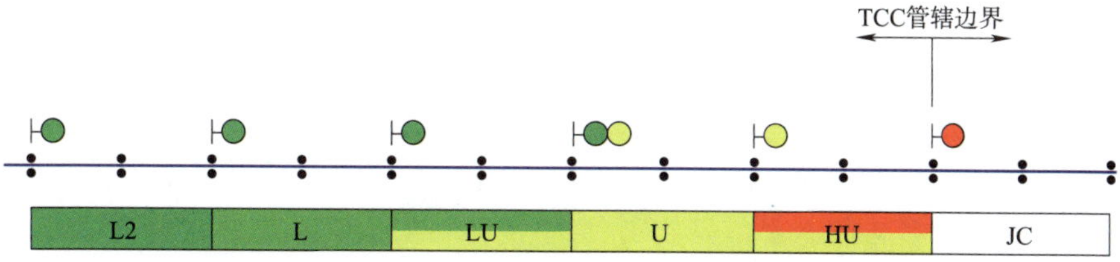

图 2-6　边界发码原则示意

(7)仅开行动车组的车站，当正线出站信号机处未配置有源应答器时，排列正线的转线发车进路，道岔区段发送检测码(见图 2-7)。

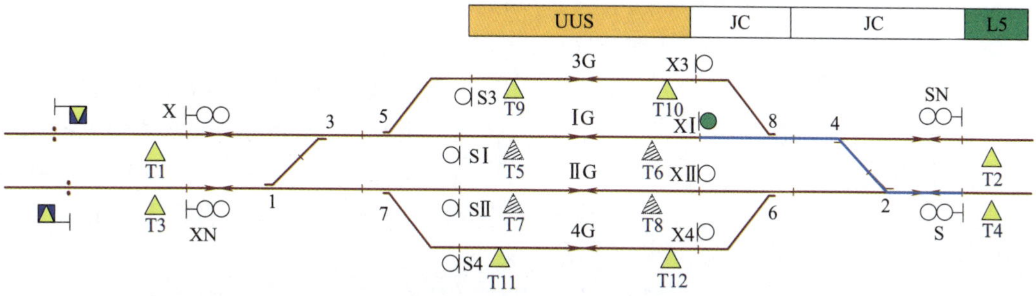

图 2-7　正线转线发车进路发码示意

(8)设有防护区段的股道，防护区段发码方向与防护的信号机方向一致时，信号机未开放列车信号，防护区段发 H 码(如图 2-8 中的 3G1、3G3)。

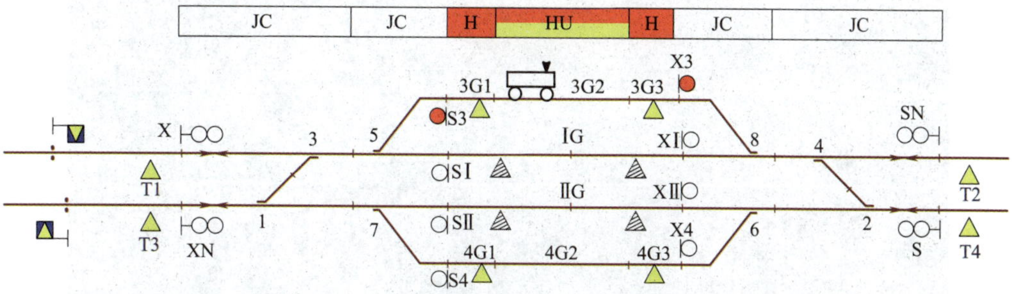

图 2-8　防护区段发码示意

二、区间占用逻辑检查功能测试

闭塞分区作为列控中心进行区间占用逻辑检查状态判断的基本单位，其设备状态(物理状态)分为“空闲”和“占用”两种状态，根据所辖轨道区段的设备状态进行判定；其逻辑状态分为“空闲”“故障占用”“正常占用”和“失去分路”四种状态，根据占用逻辑检查原则进行判定。

区间占用逻辑检查具备闭塞分区“确认无车占用”“区间逻辑状态总解锁”“区间逻辑检查开启/关闭”操作功能，操作功能通过 CTC 车务终端设备设置。

(一)测试记录表格

区间占用逻辑检查功能测试使用的试验表格，参照表 2-10、表 2-11 所示。

(二)表格填写说明及试验方法

1. 区间占用逻辑检查功能测试记录表(一)(正向、反向)

(1)“区段名称”：按顺序填写区间轨道名称，如 0010AG、0020BG、0030CG。

(2)“列车正常运行逻辑状态、SA 分配状态正常”：以闭塞分区为基本单位，核对区间列车正反向运行的四种逻辑状态及信号许可(以下简称 SA)分配状态的正确性。

①两种物理状态(设备状态)：空闲状态、占用状态。

②四种逻辑状态：空闲状态、故障占用状态、正常占用状态、失去分路状态。

a. 空闲状态：列车未占用闭塞分区，且闭塞分区设备状态为空闲。

b. 故障占用状态：列车未占用闭塞分区，但闭塞分区设备状态为占用。

c. 正常占用状态：列车占用闭塞分区，且闭塞分区设备状态为占用。

d. 失去分路状态：列车占用闭塞分区，但闭塞分区设备状态为空闲。

③四种逻辑状态试验顺序：空闲→故障占用(直接对空闲闭塞分区进行轨道占用)→正常占用(按运行方向，顺序对两个闭塞分区进行轨道占用，此时两个闭塞分区逻辑状态均为故障占用，将第一个故障占用闭塞分区恢复，则第二个闭塞分区逻辑状态变为正常占用)→失去分路(对逻辑状态为正常占用的闭塞分区进行轨道占用恢复，则该闭塞分区逻辑状态变为失去分路)。

④SA 分配状态试验：SA 是指列控中心用来空间隔离不同列车，确定列车对其他闭塞分区逻辑状态影响范围的辅助标志(见图 2-9)。SA 包含一个或若干个连续的闭塞分区，在一个 SA 内只允许有一个列车。

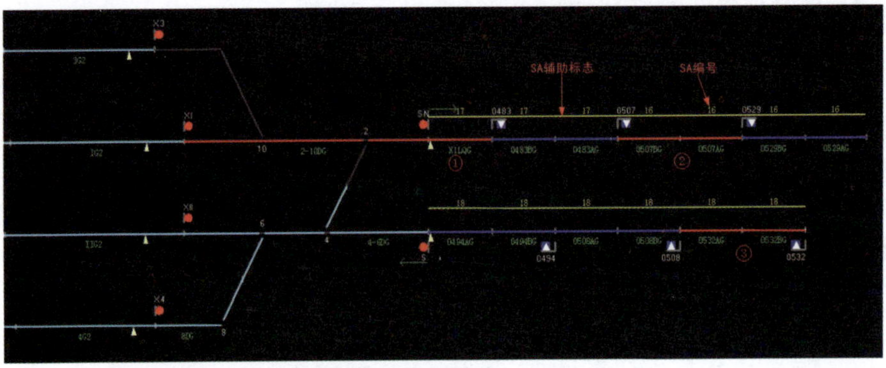

图 2-9 列控维护机 SA(信号许可)示意

表 2-10　区间占用逻辑检查功能测试记录表(一)(正向、反向)

区段名称	列车正常运行逻辑状态、SA 分配状态正常	空闲状态正确试验					故障占用状态正确试验			正常占用状态正确试验				失去分路状态正确试验		区间信号机红灯断丝逻辑试验				区间辅助改方成功，闭塞分区逻辑状态保持不变	备注
		逻辑状态为空闲的闭塞分区，设备状态保持空闲，逻辑状态为空闲	区间轨道区段设备状态由占用变为连续 3 s 空闲，逻辑状态为空闲	逻辑状态为故障占用的闭塞分区，若设备状态为空闲，逻辑状态为空闲	逻辑状态为正常占用的闭塞分区，设备状态由占用变为空闲，满足技术条件时，逻辑状态为空闲	在一个 SA 内，如果运行前方闭塞分区判定为正常占用，则该闭塞分区后方所有处于失去分路状态的闭塞分区，其逻辑状态均判定为空闲	逻辑状态为故障占用的闭塞分区，设备状态保持占用时，不满足技术条件，逻辑状态为故障占用	逻辑状态为空闲的闭塞分区，设备状态由空闲变为占用时，不满足技术条件，逻辑状态为故障占用	在一个 SA 内，如果运行前方闭塞分区判定为正常占用，则与该闭塞分区不连续的后方所有仍处于正常占用状态的闭塞分区，其逻辑状态为故障占用	逻辑状态为正常占用的闭塞分区，设备状态保持占用时，逻辑状态为正常占用	逻辑状态为故障占用的闭塞分区，设备状态保持占用时，满足技术条件，逻辑状态为正常占用	逻辑状态为空闲的闭塞分区，设备状态由空闲变为占用时，满足技术条件，逻辑状态为正常占用	逻辑状态为失去分路的闭塞分区，设备状态由空闲变为占用，逻辑状态为正常占用	逻辑状态为失去分路的闭塞分区，设备状态保持空闲，逻辑状态为失去分路	逻辑状态为正常占用的闭塞分区，设备状态由占用变为空闲，不满足技术条件时，逻辑状态为失去分路	后方闭塞分区原逻辑状态为空闲时，逻辑状态为故障占用	后方闭塞分区原逻辑状态为正常占用时，逻辑状态为正常占用	后方闭塞分区原逻辑状态为失去分路时，逻辑状态为失去分路	后方闭塞分区原逻辑状态为故障占用时，逻辑状态为故障占用		
1	2	3	4	5	6	7	8	9	10	11	12	13	14	15	16	17	18	19	20	21	22

表 2-11　区间占用逻辑检查功能测试记录表(二)

区段名称	TCC 启动试验及与 TSRS 接口试验					与 CTC 接口试验						与 CBI 接口试验		倒机试验		备注
	TSRS 和 TCC 通信中断情况下,TCC 上电重启后,各闭塞分区逻辑状态正确	TSRS 和 TCC 通信正常情况下,TCC 上电重启后,若从 TSRS 接收到闭塞分区无失去分路状态,且该闭塞分区设备状态为空闲,逻辑状态为空闲	TSRS 和 TCC 通信正常情况下,TCC 上电重启后,若从 TSRS 接收到闭塞分区无失去分路状态,且该闭塞分区设备状态为占用,逻辑状态为正常占用	TSRS 和 TCC 通信正常情况下,TCC 上电重启后,若从 TSRS 接收到闭塞分区有失去分路状态,且该闭塞分区设备状态为空闲,逻辑状态为失去分路	TSRS 和 TCC 通信正常情况下,TCC 上电重启后,若从 TSRS 接收到闭塞分区有失去分路状态,且该闭塞分区设备状态为占用,逻辑状态为正常占用	通过 CTC 操作进行区间逻辑检查开启或区间逻辑检查关闭操作作用正常	TCC 将闭塞分区空闲、正常占用、故障占用、失去分路状态发送给 CTC 界面显示状态正常	TCC 收到 CTC 区间逻辑状态总解锁命令时,该区间本站 TCC 管辖范围内所有闭塞分区为失去分路的,逻辑状态为空闲	TCC 收到 CTC 区间逻辑状态总解锁命令时,该区间本站 TCC 管辖范围内所有闭塞分区为正常占用、故障占用、空闲状态时,逻辑状态保持不变	TCC 收到 CTC 闭塞分区确认无车占用命令时,该闭塞分区为失去分路的,逻辑状态为空闲	TCC 收到 CTC 闭塞分区确认无车占用命令时,逻辑状态为正常占用、故障占用、空闲状态时,逻辑状态保持不变	1LQ 区段为故障占用状态时联锁不能开放信号	1LQ 区段为失去分路状态时联锁不能开放信号	TCC 切系前后各闭塞分区逻辑状态保持不变	TCC 切系前后 SA 分配保持不变	

a. SA 处理原则：

(a)闭塞分区逻辑状态判定为正常占用或失去分路时，如果该闭塞分区未分配任何 SA，则生成一个新的 SA，并将运行前方所有未分配 SA 的空闲状态闭塞分区分配到新生成的 SA 中(如图 2-9 中②所示)。

(b)自列车占压的闭塞分区开始至前方非空闲状态闭塞分区(如图 2-9 中①所示)或前方站与列车运行同方向的进站信号机为止(如图 2-9 中③所示)。

(c)TCC 实时将 SA 范围内被判断为正常占用的闭塞分区后方处于空闲或故障占用状态的闭塞分区予以释放。TCC 实时将运行前方被判断为处于空闲状态且未被其他 SA 包含的闭塞分区纳入本 SA 范围。

(d)一个 SA 最多包含两个 TCC 管辖范围(含中继站)内的闭塞分区，即一个 SA 不能同时跨越三个 TCC 管辖范围。

(e)SA 编号取值范围为 1～255。TCC 循环递增分配 SA 编号。同一个 TCC，各 SA 编号必须唯一(见图 2-9)，且在 SA 有效期内编号保持不变(TCC 重启除外)。

(f)本 TCC 管辖范围内区间无方向时不生成新的 SA。区间运行方向改变后，清除该区间既有的 SA。

b. SA 分配状态场景：

场景 1：排列出站信号，正常运行至 1LQG，SA 自动生成。

场景 2：上述基础上立即恢复 1LQG 轨道占用，此时 1LQG 变为失去分路状态，SA 继续保持。

场景 3：上述基础上继续占用下一区段 A，SA 保持；占用 1LQG，SA 保持。

场景 4：随列车运行至 B，SA 的起点跟着列车一起前移至 B。

场景 5：在上述基础上，继续占用 C、D 两个区段，恢复 C，C 此时为空闲状态；原有 SA 起点区段 B 为故障占用状态，SA 前移至 D。

场景 6：上述基础上继续占用不相邻区段 F，F 此时为故障占用状态；继续占用 E，E 此时为正常占用状态；恢复 D，D 此时为空闲状态；继续占用 G，G 此时为故障占用状态；恢复 E、F，此时 SA 起点变为 G。

场景 7：两个 SA，后方 SA 终点为前方 SA 起点。

场景 8：前方 SA 排列进站信号，SA 终点在进站信号机处，当进站外方第一个区段为失去分路状态时，继续占用站内第二区段时，SA 保持在进站信号机处，不变。

场景 9：列车进站后，前方 SA 消失。

场景 10：后方 SA 终点为下一站站界或下一站的进站信号机。

场景 11：后方 SA 区段 A 恢复，A 此时为失去分路状态；继续占用 B、C 区段，B、C 此时为故障占用状态；恢复 B，C 此时为正常占用状态；此时 A 失去分路状态解锁，SA 释放，前移至 C 处。

场景 12：上述基础上，SA 起点为 C，继续占用 E、F，E、F 此时为故障占用状态；恢复 E，E 此时为空闲状态，F 此时为正常占用状态；此时 C 变为故障占用状态，SA 起点为 F。

场景 13：区间改变运行方向，此时后方 SA 删除。

(3)“空闲状态正确试验”：在区间逻辑检查功能开启状态下，结合物理状态，对闭塞分区逻辑状态判定的正确性进行试验。

①“逻辑状态为空闲的闭塞分区，设备状态保持空闲，逻辑状态为空闲”：逻辑状态为空闲，物理状态保持空闲，则该闭塞分区逻辑状态判定为空闲。

②“区间轨道区段设备状态由占用变为连续 3 s 空闲，逻辑状态为空闲”：物理状态由占用变为空闲连续 3 s 后，则该闭塞分区逻辑状态判定为空闲。

③“逻辑状态为故障占用的闭塞分区，若设备状态为空闲，逻辑状态为空闲”：逻辑状态为故障占用，物理状态为空闲，则该闭塞分区逻辑状态判定为空闲。

④“逻辑状态为正常占用的闭塞分区，设备状态由占用变为空闲，满足技术条件时，逻辑状态为空闲”：逻辑状态为正常占用，物理状态由占用变为空闲，若同时满足如下技术条件时，则该闭塞分区逻辑状态判定为空闲。

a. 运行前方相邻闭塞分区与本闭塞分区属于同一 SA。

b. 运行前方相邻闭塞分区原逻辑状态也为正常占用。

c. 运行前方相邻闭塞分区物理状态保持占用。

⑤“在一个 SA 内，如果运行前方闭塞分区判定为正常占用，则该闭塞分区后方所有处于失去分路状态的闭塞分区，其逻辑状态均判定为空闲”：在同一个 SA（信号许可）内，若逻辑状态为正常占用，则运行后方所有逻辑状态为失去分路的闭塞分区，逻辑状态判定为空闲。

（4）“故障占用状态正确试验”：在区间逻辑检查功能开启状态下，结合物理状态，对闭塞分区逻辑状态判定的正确性进行试验。

①“逻辑状态为故障占用的闭塞分区，设备状态保持占用时，不满足技术条件，逻辑状态为故障占用”：逻辑状态为故障占用，物理状态保持占用，若不满足如下技术条件之一时，则该闭塞分区逻辑状态判定为故障占用。

a. 运行后方相邻闭塞分区与本闭塞分区属于同一 SA 或者均未分配 SA。

b. 运行后方相邻闭塞分区原逻辑状态也为故障占用。

c. 两闭塞分区占用顺序与列车运行方向一致。

d. 运行后方相邻区段（非站内区段）所属闭塞分区逻辑状态由故障占用变为空闲。

②“逻辑状态为空闲的闭塞分区，设备状态由空闲变为占用时，不满足技术条件，逻辑状态为故障占用”：逻辑状态为空闲，物理状态由空闲变为占用，若不满足如下技术条件之一时，则该闭塞分区逻辑状态判定为故障占用。

a. 运行后方相邻闭塞分区与本闭塞分区属于同一 SA（相邻为非站内区段）。

b. 运行后方相邻闭塞分区原逻辑状态也为正常占用（如果运行后方相邻的是站内区段，则条件为进路最末端轨道区段占用且锁闭）。

③“在一个 SA 内，如果运行前方闭塞分区判定为正常占用，则与该闭塞分区不连续的后方所有仍处于正常占用状态的闭塞分区，其逻辑状态为故障占用”：在一个 SA 内，若逻辑状态为正常占用，则运行后方所有与该闭塞分区不连续的逻辑状态为正常占用的闭塞分区，逻辑状态判定为故障占用。

（5）“正常占用状态正确试验”：在区间逻辑检查功能开启状态下，结合物理状态，对闭塞分区逻辑状态判定的正确性进行试验。

①“逻辑状态为正常占用的闭塞分区，设备状态保持占用时，逻辑状态为正常占用”：逻辑状态为正常占用，物理状态保持占用，则该闭塞分区逻辑状态判定为正常占用。

②“逻辑状态为故障占用的闭塞分区，设备状态保持占用时，满足技术条件，逻辑状态为正常占用”：逻辑状态为故障占用，物理状态保持占用，若同时满足如下技术条件时，则该闭塞分区逻辑状态判定为正常占用。

a. 运行后方相邻闭塞分区与本闭塞分区属于同一 SA 或者均未分配 SA。

b. 运行后方相邻闭塞分区原逻辑状态也为故障占用。

c. 两闭塞分区占用顺序与列车运行方向一致。

d. 运行后方相邻区段（非站内区段）所属闭塞分区逻辑状态由故障占用变为空闲。

③“逻辑状态为空闲的闭塞分区，设备状态由空闲变为占用时，满足技术条件，逻辑状态为正常占用”：逻辑状态为空闲，物理状态由空闲变为占用，若同时满足如下技术条件时，则该闭塞分区逻辑状态判定为正常占用。

a. 运行后方相邻闭塞分区与本闭塞分区属于同一 SA（相邻为站内区段无此要求）。

b. 运行后方相邻闭塞分区原逻辑状态也为正常占用（如果运行后方相邻的是站内区段，则条件为进路最末端轨道区段占用且锁闭）。

④“逻辑状态为失去分路的闭塞分区，设备状态由空闲变为占用，逻辑状态为正常占用”：逻辑状态为失去分路，物理状态由空闲变为占用，则该闭塞分区逻辑状态判定为正常占用。

(6)“失去分路状态正确试验”：在区间逻辑检查功能开启状态下，结合物理状态，对闭塞分区逻辑状态判定的正确性进行试验。

①“逻辑状态为失去分路的闭塞分区，设备状态保持空闲，逻辑状态为失去分路”：逻辑状态为失去分路，物理状态保持空闲，则该闭塞分区逻辑状态判定为失去分路。

②“逻辑状态为正常占用的闭塞分区，设备状态由占用变为空闲，不满足技术条件时，逻辑状态为失去分路”：逻辑状态为正常占用，物理状态由占用变为空闲，若不满足如下技术条件之一时，则该闭塞分区逻辑状态判定为失去分路。

a. 非进站信号机外方第一个闭塞分区技术条件：

(a)运行前方相邻闭塞分区与本闭塞分区属于同一 SA。

(b)运行前方相邻闭塞分区原逻辑状态也为正常占用。

(c)运行前方相邻闭塞分区物理状态保持占用。

b. 进站信号机外方第一个闭塞分区技术条件：

(a)列车驶入站内，进站信号机正常关闭。

(b)进站信号机内方第一区段保持占用或由占用变为空闲。

(7)“区间信号机红灯断丝逻辑试验”：在区间逻辑检查功能开启状态下，结合防护该闭塞分区区间信号机红灯断丝前的逻辑状态，对该信号机断丝后闭塞分区逻辑状态判定的正确性进行试验。

①“后方闭塞分区原逻辑状态为空闲时，逻辑状态为故障占用”：逻辑状态为空闲，若防护该闭塞分区的区间信号机红灯断丝，则该闭塞分区逻辑状态判定为故障占用。

②“后方闭塞分区原逻辑状态为正常占用时，逻辑状态为正常占用”：逻辑状态为正常占用，若防护该闭塞分区的区间信号机红灯断丝，则该闭塞分区逻辑状态判定为正常占用。

③“后方闭塞分区原逻辑状态为失去分路时，逻辑状态为失去分路”：逻辑状态为失去分路，若防护该闭塞分区的区间信号机红灯断丝，则该闭塞分区逻辑状态判定为失去分路。

④“后方闭塞分区原逻辑状态为故障占用时，逻辑状态为故障占用”：逻辑状态为故障占用，若防护该闭塞分区的区间信号机红灯断丝，则该闭塞分区逻辑状态判定为故障占用。

(8)“区间辅助改方成功，闭塞分区逻辑状态保持不变”：区间逻辑检查功能开启状态下，区间辅助改方成功后，闭塞分区逻辑状态应保持不变，并应按照改方成功后的区间方向进行区间占用逻辑检查防护。

2. 区间占用逻辑检查功能测试记录表(二)

(1)“区段名称”：按顺序填写区间轨道名称，如0010AG、0020BG、0030CG。

(2)“TCC启动试验及与TSRS接口试验”：在区间逻辑检查功能开启状态下，结合TSRS和TCC通信状态，对TCC重启后闭塞分区状态判定的正确性进行试验。

①“TSRS和TCC通信中断情况下，TCC上电重启后，各闭塞分区状态正确”：若TSRS和TCC通信中断，当TCC上电重启后，则该闭塞分区逻辑状态为未初始化，重启前空闲和失去分路的重启后物理状态为空闲，重启前故障占用和正常占用的重启后物理状态为占用。

②“TSRS和TCC通信正常情况下，TCC上电重启后，若从TSRS接收到闭塞分区无失去分路状态，且该闭塞分区设备状态为空闲，逻辑状态为空闲”：若TSRS和TCC通信正常，当TCC上电重启后，TCC从TSRS接收到该闭塞分区重启前没有失去分路的状态，且重启后物理状态为空闲，则TCC重启后该闭塞分区逻辑状态为空闲。

③“TSRS和TCC通信正常情况下，TCC上电重启后，若从TSRS接收到闭塞分区无失去分路状态，且该闭塞分区设备状态为占用，逻辑状态为正常占用”：若TSRS和TCC通信正常，当TCC上电重启后，TCC从TSRS接收到该闭塞分区重启前没有失去分路的状态，且重启后物理状态为占用，则TCC重启后该闭塞分区逻辑状态为正常占用。

④“TSRS和TCC通信正常情况下，TCC上电重启后，若从TSRS接收到闭塞分区有失去分路状态，且该闭塞分区设备状态为空闲，逻辑状态为失去分路”：若TSRS和TCC通信正常，当TCC上电重启后，TCC从TSRS接收到该闭塞分区重启前有失去分路的状态，且重启后物理状态为空闲，则TCC重启后该闭塞分区逻辑状态为失去分路。

⑤“TSRS和TCC通信正常情况下，TCC上电重启后，若从TSRS接收到闭塞分区有失去分路状态，且该闭塞分区设备状态为占用，逻辑状态为正常占用”：若TSRS和TCC通信正常，当TCC上电重启后，TCC从TSRS接收到该闭塞分区重启前有失去分路的状态，且重启后物理状态为占用，则TCC重启后该闭塞分区逻辑状态为正常占用。

(3)“与CTC接口试验”：在区间逻辑检查功能开启状态下，对TCC收到CTC操作命令时执行情况的正确性进行试验。

①“通过CTC操作进行区间逻辑检查开启或区间逻辑检查关闭操作作用正常”：通过下拉列表的方式选择需要进行操作的车站及区间方向口，先按压“开启验证”或“关闭验证”指令，当CTC将TCC反馈结果显示在“命令反馈结果”框中为成功时，需在60 s内按压“开启执行”或“关闭执行”指令，CTC再次将TCC反馈结果显示在“命令反馈结果”框中为成功时，确认CTC界面相关车站及区间方向口的逻辑检查开启或关闭状态显示(见表2-12、图2-10)。

表 2-12 区间逻辑检查功能状态显示含义

序 号	表示(颜色)	含 义	备 注
1	绿色	启用	表示列控区间占用逻辑检查功能启用
2	红色	停用	表示列控区间占用逻辑检查功能停用
3	黄色	异常	表示列控区间占用逻辑检查功能异常或不确定
4	隐藏(不显示)	未知	表示 CTC 未能获得列控传送的区间占用逻辑状态信息(如 CTC 启动初始化时)

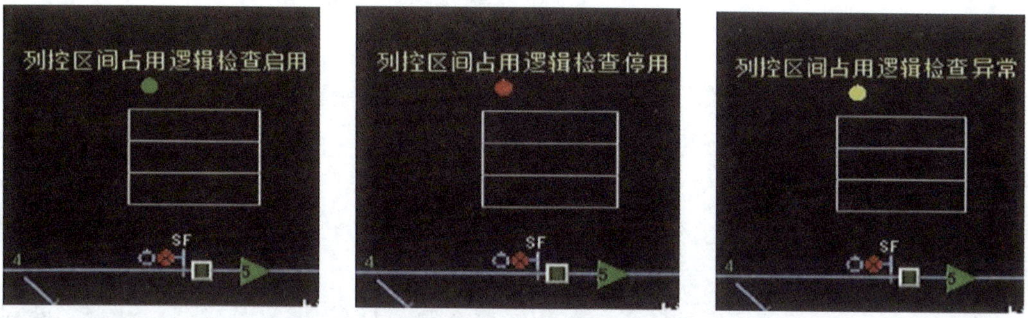

图 2-10 区间逻辑检查功能状态显示示意

TCC 应满足按照不同站间分别实现区间占用逻辑检查功能的要求,两站间若具备占用逻辑检查功能,则两端车站及区间内各中继站的 TCC 应同时开启区间占用逻辑检查功能。并满足如下技术要求:

a. TCC 应向 CTC 发送命令执行成功或命令执行失败回执。

b. 区间逻辑状态确认命令按照先验证后执行的顺序下达,TCC 收到没有验证成功的执行命令,应拒绝执行该命令,并向 CTC 返回错误回执。

c. TCC 对 CTC 区间逻辑状态确认命令验证成功有效期为 60 s,超过 60 s 视为未验证命令。

d. TCC 同一周期仅能接收并执行一条区间逻辑状态确认命令,若在执行期间又收到 CTC 下达的其他命令,则执行最新命令。

②"TCC 将闭塞分区空闲、正常占用、故障占用、失去分路状态发送给 CTC 界面显示状态正常":逐一核对列控维修机、CTC 车务终端闭塞分区的四种逻辑状态显示一致。

③"TCC 收到 CTC 区间逻辑状态总解锁命令时,该区间本站 TCC 管辖范围内所有闭塞分区为失去分路的,逻辑状态为空闲":逻辑状态为失去分路,当 TCC 收到 CTC 区间逻辑状态总解锁命令时,则该区间本站 TCC 管辖范围内所有该状态的闭塞分区逻辑状态为空闲。(区间逻辑状态总解锁操作步骤与区间逻辑检查开启、关闭步骤和要求相同)

④"TCC 收到 CTC 区间逻辑状态总解锁命令时,该区间本站 TCC 管辖范围内所有闭塞分区为正常占用、故障占用、空闲状态时,逻辑状态保持不变":逻辑状态为正常占用、故障占用、空闲,当 TCC 收到 CTC 区间逻辑状态总解锁命令时,则该区间本站 TCC 管辖范围内所有该状态的闭塞分区逻辑状态保持不变。(区间逻辑状态总解锁操作步骤与区间逻辑检查开启、关闭步骤和要求相同)

⑤"TCC 收到 CTC 闭塞分区确认无车占用命令时,该闭塞分区为失去分路的,逻辑状

态为空闲”：逻辑状态为失去分路，当TCC收到CTC闭塞分区确认无车占用命令时，则该闭塞分区逻辑状态为空闲。（闭塞分区确认无车占用操作步骤与区间逻辑检查开启、关闭步骤和要求相同）

⑥“TCC收到CTC闭塞分区确认无车占用命令时，逻辑状态为正常占用、故障占用、空闲状态时，逻辑状态保持不变”：逻辑状态为正常占用、故障占用和空闲，当TCC收到CTC闭塞分区确认无车占用命令时，则该闭塞分区逻辑状态保持不变。（闭塞分区确认无车占用操作步骤与区间逻辑检查开启、关闭步骤和要求相同）

（4）“与CBI接口试验”：在区间逻辑检查功能开启状态下，结合1LQ区段逻辑状态，对CBI出站信号开放执行情况的正确性进行试验。

①“1LQ区段为故障占用状态时联锁不能开放信号”：1LQ区段逻辑状态为故障占用时，TCC向CBI发送占用状态，根据联锁要求出站信号不能开放。

②“1LQ区段为失去分路状态时联锁不能开放信号”：1LQ区段逻辑状态为失去分路时，TCC向CBI发送占用状态，根据联锁要求出站信号不能开放。

（5）“倒机试验”：在区间逻辑检查功能开启状态下，对TCC主备系切换前后逻辑状态及SA分配情况的正确性进行试验。

①“TCC切系前后各闭塞分区逻辑状态保持不变”：TCC切系应不影响各闭塞分区逻辑状态，逻辑状态保持不变。

②“TCC切系前后SA分配保持不变”：TCC切系应不影响SA分配，SA分配保持不变。

三、列控中心小轨道状态测试

ZPW-2000A轨道电路设备输出主轨道继电器GJ，无小轨道状态输出端子。将小轨道CAN通信状态纳入区段状态判定条件中，实现区间小轨道状态纳入列控系统的功能，可以有效防止小轨道发生断轨或故障时导致的行车事故。

（一）测试记录表格

列控中心小轨道状态测试使用的试验表格，参照表2-13所示。

表2-13 列控中心小轨道状态测试记录表

区段		正向运行								反向运行							
名称	载频频率	物理状态				逻辑状态				物理状态				逻辑状态			
		主轨道空闲、主轨道通信状态空闲、小轨道空闲、总轨道状态空闲	主轨道空闲、主轨道通信状态空闲、小轨道占用、总轨道状态占用	主轨道空闲、主轨道通信状态占用、小轨道空闲、总轨道状态占用	主轨道占用、主轨道通信状态空闲、小轨道空闲、总轨道状态占用	主轨道空闲、主轨道通信状态空闲、小轨道空闲、总轨道状态空闲	主轨道空闲、主轨道通信状态空闲、小轨道占用、总轨道状态占用	主轨道空闲、主轨道通信状态占用、小轨道空闲、总轨道状态占用	主轨道占用、主轨道通信状态空闲、小轨道空闲、总轨道状态占用	主轨道空闲、主轨道通信状态空闲、小轨道空闲、总轨道状态空闲	主轨道空闲、主轨道通信状态空闲、小轨道占用、总轨道状态占用	主轨道空闲、主轨道通信状态占用、小轨道空闲、总轨道状态占用	主轨道占用、主轨道通信状态空闲、小轨道空闲、总轨道状态占用	主轨道空闲、主轨道通信状态空闲、小轨道空闲、总轨道状态空闲	主轨道空闲、主轨道通信状态空闲、小轨道占用、总轨道状态占用	主轨道空闲、主轨道通信状态占用、小轨道空闲、总轨道状态占用	主轨道占用、主轨道通信状态空闲、小轨道空闲、总轨道状态占用
1	2	3	4	5	6	7	8	9	10	11	12	13	14	15	16	17	18

（二）表格填写说明及试验方法

1.“区段名称”：按顺序填写区间轨道名称，如0010AG、0020BG、0030CG。

2.“区段载频频率”：填写区间轨道载频，如1700-1、2000-2。

3.“正向运行物理状态”：在仿真平台上模拟列车正向运行时，设置区间轨道占用/空闲（见图2-11），在列控维护机物理状态模式下进行状态确认。

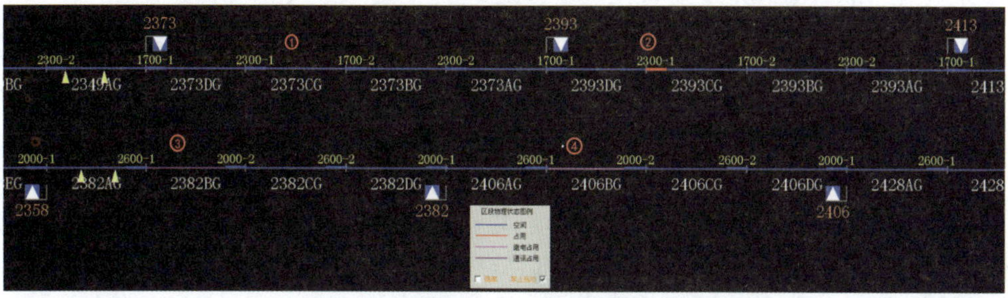

图2-11　列控模拟机轨道状态显示示意

（1）“主轨道空闲、主轨道通信状态空闲、小轨道空闲、总轨道状态空闲”：主轨道GJ空闲、主轨道通信状态空闲、小轨道空闲，则总轨道物理状态应为空闲（如图2-12中①所示）。

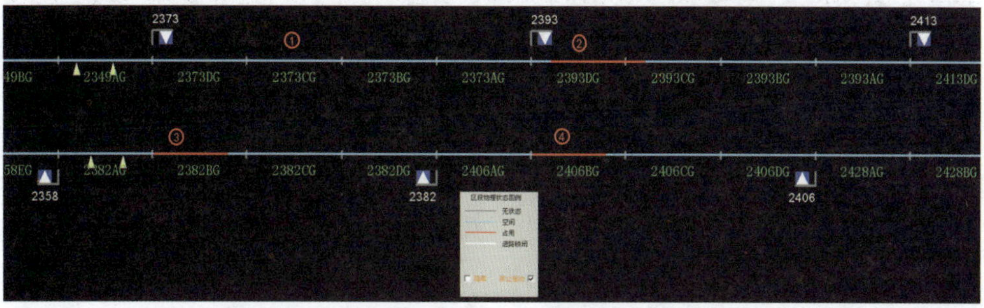

图2-12　列控维护机轨道物理状态显示示意

（2）“主轨道空闲、主轨道通信状态空闲、小轨道占用、总轨道状态占用”：主轨道GJ空闲、主轨道通信状态空闲、小轨道设置占用[如图2-13（a）所示]，则总轨道物理状态应为占用（如图2-12中②所示）。

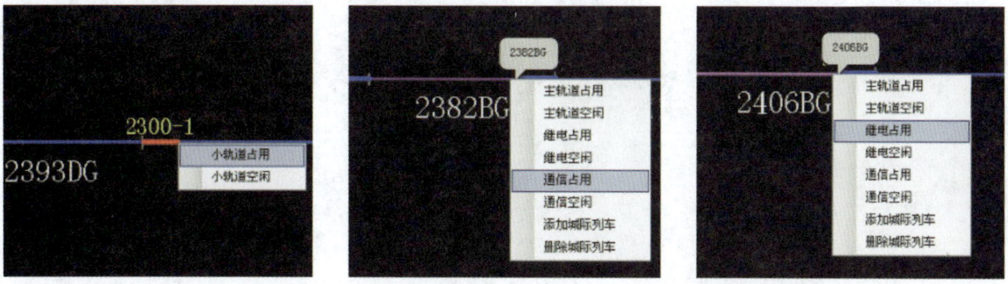

(a)　(b)　(c)

图2-13　列控模拟机轨道设置示意

(3)“主轨道空闲、主轨道通信状态占用、小轨道空闲、总轨道状态占用”:主轨道 GJ 空闲、主轨道设置通信状态占用[如图 2-13(b)所示]、小轨道空闲,则总轨道物理状态应为占用(如图 2-12 中③所示)。

(4)“主轨道占用、主轨道通信状态空闲、小轨道空闲、总轨道状态占用”:主轨道设置 GJ 占用[如图 2-13(c)所示]、主轨道通信状态空闲、小轨道空闲,则总轨道物理状态应为占用(如图 2-12 中④所示)。

4.“正向运行逻辑状态”:在仿真平台上模拟列车正向运行时,设置区间轨道占用/空闲(见图 2-11),在列控维护机逻辑状态模式下进行状态确认。

(1)“主轨道空闲、主轨道通信状态空闲、小轨道空闲、总轨道状态空闲”:主轨道 GJ 空闲、主轨道通信状态空闲、小轨道空闲,则总轨道逻辑状态应为空闲(如图 2-14 中①所示)。

(2)“主轨道空闲、主轨道通信状态空闲、小轨道占用、总轨道状态占用”:主轨道 GJ 空闲、主轨道通信状态空闲、小轨道设置占用,则总轨道逻辑状态应为占用(如图 2-14 中②所示)。

(3)“主轨道空闲、主轨道通信状态占用、小轨道空闲、总轨道状态占用”:主轨道 GJ 空闲、主轨道设置通信状态占用、小轨道空闲,则总轨道逻辑状态应为占用(如图 2-14 中③所示)。

(4)“主轨道占用、主轨道通信状态空闲、小轨道空闲、总轨道状态占用”:主轨道设置 GJ 占用、主轨道通信状态空闲、小轨道空闲,则总轨道逻辑状态应为占用(如图 2-14 中④所示)。

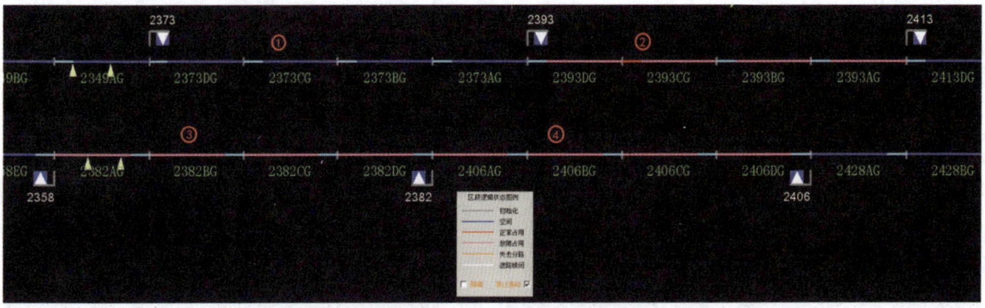

图 2-14 列控维护机轨道逻辑状态显示示意

5.“反向运行物理状态”:在仿真平台上模拟列车反向运行时,设置区间轨道占用/空闲,在列控维护机物理状态模式下进行状态确认。确认方式同“3. 正向运行物理状态”。

6.“反向运行逻辑状态”:在仿真平台上模拟列车反向运行时,设置区间轨道占用/空闲,在列控维护机逻辑状态模式下进行状态确认。确认方式同“4. 正向运行逻辑状态”。

第四节 列控中心接口功能

一、TCC 功能测试

(一)测试记录表格

TCC 功能测试使用的试验表格,参照表 2-14 所示。

表 2-14　TCC 功能测试记录表

接口系统	试验项目		试验内容及要求	试验结果	备　注
1	2		3	4	5
TCC 功能	列控中心	同时开列控 A、B 机	列控 A、B 机正常启动，一主控一备用		
		A 机主控，B 机同步，关闭 A 机	自动切换 B 机，切换过程中不丢限速命令和进路信息，信号和轨道显示、轨道电路编码、LEU 输出不受影响，轨道电路不闪红光带		
		B 机主控，A 机同步，关闭 B 机	自动切换 A 机，切换过程中不丢限速命令和进路信息，信号和轨道显示、轨道电路编码、LEU 输出不受影响，轨道电路不闪红光带		
	列控中心之间	与车站 TCC 通信中断时	边界区段发送 HU 码，禁止区段改方		
		与中继站 TCC 通信中断时	中继站 TCC 管辖范围内按区间无方向发码，均发 27.9 Hz，相邻 TCC 边界区段发 HU。中继站范围内区段 CTC 均显示无信息(灰色)。禁止区段改方		

（二）表格填写说明及试验方法

1. 列控中心同时开启 A、B 机，应可以正常启动，一主控一备用。

2. 列控中心正常启动后，A、B 机同步，关闭主控机，应自动切换至备用机主控。在切换过程中不丢失临时限速命令和进路信息，信号机和轨道电路状态显示、轨道电路编码、LEU 输出信息不受影响。

3. 本站列控中心与其他车站列控中心通信中断时，本站列控中心管辖相邻边界轨道区段发送 HU 码，同时禁止执行改方命令。

4. 本站列控中心与所属中继站列控中心通信中断时，本站列控中心管辖相邻边界轨道区段发送 HU 码。所属中继站列控中心管辖范围内按区间无方向发送 JC 码，同时禁止执行改方命令。

二、TCC-CBI 接口功能测试

（一）测试记录表格

TCC-CBI 接口功能测试使用的试验表格，参照表 2-15 所示。

表 2-15　TCC-CBI 接口功能测试记录表

接口系统	试验项目		试验内容及要求	试验结果	备　注
1	2		3	4	5
CBI 接口功能	一	启机单系通信试验	启动列控系统、联锁系统单系，检查系统间各单系通信是否正确		
	二	非主系间通信中断试验	列控中心、联锁两系同步时，其主系与联锁备系的通信中断，不影响系统正常运行，维护终端有报警；列控中心备系与联锁主系通信中断，不影响系统正常运行，维护终端有报警；列控中心备系与联锁备系的通信中断，不影响系统正常运行，维护终端有报警		

续上表

接口系统	试验项目		试验内容及要求	试验结果	备　注
1	2		3	4	5
CBI接口功能	三	主系间通信中断试验	1. TCC、CBI 两系统两系均正常工作：将 TCC 和 CBI 均设置为 A 主 B 备，中断 TCC-A 与 CBI-A 之间通信，TCC 倒机变成 TCCA 备 B 主，轨道电路编码、有源应答器报文不变。同理测试其他通道。 2. TCC 仅单系、CBI 两系正常工作：将 TCC 设置为 A 机运行 B 机关机，CBI 设置为 A 主 B 备，中断 TCC-A 与 CBI-A 之间通信，CBI 倒机变成 CBIA 备 B 主		
	四	主备系通信全中断试验（限速未初始化）	1. 区间设置信号机：进站外方接近区段发检测码，区间追踪码序。岔区发检测码，股道发 HU 码。有源应答器发送默认报文。联锁降级显示灯亮，接近区段、离去区段显示红光带。 2. 区间未设置信号机：进站外方接近区段发 HU 码，区间追踪码序。岔区发检测码，股道发 HU 码。有源应答器发送默认报文。联锁降级显示灯亮，接近区段、离去区段显示红光带		
	五	主备系通信全中断试验（限速已初始化）	1. 区间设置信号机：进站外方接近区段发检测码，区间追踪码序。岔区发检测码，股道发 HU 码。股道有源应答器发送默认报文。接车方向时，进站有源应答器发默认报文，发车方向时，进站有源应答器发送正常报文。联锁降级显示灯亮，接近区段、离去区段显示红光带。 2. 区间未设置信号机：进站外方接近区段发 HU 码，区间追踪码序。岔区发检测码，股道发 HU 码。股道有源应答器发送默认报文，接车方向时，进站有源应答器发默认报文，发车方向时，进站有源应答器发送正常报文。联锁降级显示灯亮，接近区段、离去区段显示红光带		

（二）表格填写说明及试验方法

1. 单系通信试验：分别启动列控中心、联锁单系，两系统间单系通信应正确。

2. 非主系间通信中断试验：列控中心、联锁正常启动后，两系同步。列控中心主系与联锁备系、列控中心备系与联锁主系、列控中心备系与联锁备系通信中断时，不影响系统正常运行，维护终端应有相关报警信息。

3. 主系间通信中断试验：

（1）列控中心、联锁正常启动后，两系统主备系同步。列控中心主系与联锁主系通信中断时，列控中心应自动切至备系主控，列控中心管辖范围内轨道电路编码、有源应答器报文信息不受影响。

（2）列控中心、联锁正常启动后，列控中心单系运行，联锁主备系同步。列控中心主系与联锁主系通信中断时，联锁自动切至备系主控。

4. 主备系通信全部中断试验（限速未初始化）：

列控中心、联锁正常启动后，未通过临时限速进行初始化操作，列控中心与联锁主备系通信全部中断时。

（1）区间设置信号机的线路，进站信号机外方接近区段发送 JC 码，区间其他区段追踪发码；站内道岔区段发送 JC 码，股道发送 HU 码；有源应答器发送默认报文；联锁操表机降级灯亮，接近区段、离去区段显示红光带。

（2）区间未设置信号机的线路，进站信号机外方接近区段发送 HU 码，区间其他区段追踪发码；站内道岔区段发送 JC 码，股道发送 HU 码；有源应答器发送默认报文；联锁操表机降级灯亮,接近区段、离去区段显示红光带。

5. 主备系通信全部中断试验(限速已初始化):

列控中心、联锁正常启动后,通过临时限速完成初始化操作,列控中心与联锁主备系通信全部中断时。

(1)区间设置信号机的线路,进站信号机外方接近区段发送 JC 码,区间其他区段追踪发码;站内道岔区段发送 JC 码,股道发送 HU 码;股道有源应答器发送默认报文,接车方向进站有源应答器发送默认报文,发车方向进站有源应答器发送正常报文;联锁操表机降级灯亮,接近区段、离去区段显示红光带。

(2)区间未设置信号机的线路,进站信号机外方接近区段发送 HU 码,区间其他区段追踪发码;站内道岔区段发送 JC 码,股道发送 HU 码;股道有源应答器发送默认报文,接车方向进站有源应答器发送默认报文,发车方向进站有源应答器发送正常报文;联锁操表机降级灯亮,接近区段、离去区段显示红光带。

三、TCC-ZPW2000 接口功能测试

(一)测试记录表格

TCC-ZPW2000 接口功能测试使用的试验表格,参照表 2-16 所示。

表 2-16　TCC-ZPW2000 接口功能测试记录表

接口系统	试验项目		试验内容及要求	试验结果	备　注
1	2		3	4	5
ZPW-2000 接口功能	一	启机单系通信试验	启动列控系统单系、ZPW-2000 通信板单系,检查系统间各单系通信是否正确,ZPW-2000 发送码序正常		
	二	备系通信中断试验	启动列控系统双系同步、ZPW-2000 通信板主备板正常工作,ZPW-2000 通信板与列控中心备系通信中断。不影响系统正常使用,维护终端有报警		
	三	主备系通信全中断试验	列控中心与 ZPW-2000 发送器通信中断,ZPW-2000 区段发送 27.9 Hz 低频信息。 列控中心与 ZPW-2000 接收器通信中断,列控中心对该 ZPW-2000 区段按占用状态处理		

(二)表格填写说明及试验方法

1. 启机单系通信试验:分别启动列控中心、ZPW-2000 通信板单系,两系统间单系通信应正确,ZPW-2000 应发送码序正确。

2. 备系通信中断试验:列控中心正常启动后两系同步,ZPW-2000 通信板主备板工作正常。ZPW-2000 通信板与列控中心备系通信中断时,不影响列控中心正常运行,维护终端应有相关报警信息。

3. 主备系通信全部中断试验:

(1)列控中心正常启动后两系同步,ZPW-2000 通信板主备板工作正常。列控中心主备系与 ZPW-2000 发送器通信中断时,该 ZPW-2000 区段主发送器停止工作,备发送器发送 JC 码。

(2)列控中心正常启动后两系同步,ZPW-2000 通信板主备板工作正常。列控中心主备

系与 ZPW-2000 接收器通信中断时，列控中心对该 ZPW-2000 区段按占用状态处理。

四、TCC-信号安全数据网冗余接口功能测试

（一）测试记录表格

TCC-信号安全数据网冗余接口功能测试使用的试验表格，参照表 2-17 所示。

表 2-17　TCC-信号安全数据网冗余接口功能测试记录表

试验项目		试验内容及要求	试验结果	备　注
1		2	3	4
一	左右环冗余测试	关闭本站及相邻站右环/左环交换机，列控中心站间传输信息不受影响		
二	左环冗余测试	关闭本站及相邻站右环交换机，断开左环交换机的一侧通道，列控中心站间传输信息不受影响		
三	右环冗余测试	关闭本站及相邻站左环交换机，断开右环交换机的一侧通道，列控中心站间传输信息不受影响		

（二）表格填写说明及试验方法

1. 左右环冗余测试：分别单独关闭本站及邻站信号安全数据网右环、左环交换机，列控中心站间传输信息应不受影响。

2. 左环冗余测试：单独关闭本站及邻站信号安全数据网右环交换机后，断开左环交换机一侧的通道，列控中心站间传输信息应不受影响。

3. 右环冗余测试：单独关闭本站及邻站信号安全数据网左环交换机后，断开右环交换机一侧的通道，列控中心站间传输信息应不受影响。

第五节　信号机点灯控制逻辑

设置区间通过信号机的 CTCS-2/3 级线路，列控中心实现区间通过信号机的点灯功能，并采集区间通过信号机灯丝状态或从联锁设备获取进站口信号机灯丝状态。当发生信号机灯丝断丝时，实现红灯转移和降级逻辑判断功能，同时输出报警信息。

一、进站信号红灯断丝对位测试

（一）测试记录表格

进站信号红灯断丝对位测试使用的试验表格，参照表 2-18 所示。

表 2-18　进站信号红灯断丝对位测试记录表

进站信号名称	操作步骤	接近区段发码	测试结果	备　注
1	2	3	4	5
S	模拟进站信号红灯断丝			

（二）表格填写说明及试验方法

1.“进站信号名称”：填写车站进站信号机名称，如 S、SN。

2.“操作步骤”:模拟或现场将进站信号机红灯灯丝双断。

3.“接近区段发码”:填写进站信号机外方第一个接近区段的发码情况,如 JC(27.9 Hz)、HU(26.8 Hz)等。

4.“测试结果”:核对进站信号机红灯灯丝双断下,接近区段发码情况。

(1)对于该区间设有通过信号机的车站,正向进站信号机红灯断丝后,TCC 控制接近区段应发 JC 码(27.9 Hz)。

(2)对于该区间没有设置通过信号机的车站,进站信号机红灯断丝后,TCC 控制接近区段应发 HU 码(26.8 Hz)。

二、发车口区间红灯断丝对位测试

(一)测试记录表格

发车口区间红灯断丝对位测试使用的试验表格,参照表 2-19 所示。

表 2-19　发车口区间红灯断丝对位测试记录表

区间口	1LQ 红灯断丝后联锁控显显示	2LQ 红灯断丝后联锁控显显示	3LQ 红灯断丝后联锁控显显示	测试结果	备　注
1	2	3	4	5	6

(二)表格填写说明及试验方法

1.“区间口”:填写车站发车口处信号机名称,如 S 口、SN 口。

2.“1LQ 红灯断丝后联锁控显显示”:填写联锁控显界面一离去外方区间信号机红灯断丝显示状态,如信号机闪烁、区间灯丝报警等。

3.“2LQ 红灯断丝后联锁控显显示”: 填写联锁控显界面二离去外方区间信号机红灯断丝显示状态,如信号机闪烁、区间灯丝报警等。

4.“3LQ 红灯断丝后联锁控显显示”: 填写联锁控显界面三离去外方区间信号机红灯断丝显示状态,如信号机闪烁、区间灯丝报警等。

5.“测试结果”:核对对于设有区间信号机的线路,模拟或现场将发车口离去区间信号机红灯灯丝双断,联锁控显界面显示该离去外方区间信号机应有红灯灯丝断丝表示。

三、区间信号机点灯控制逻辑测试

(一)测试记录表格

区间信号机点灯控制逻辑测试使用的试验表格,参照表 2-20 所示。

表 2-20　区间信号机点灯控制逻辑测试记录表

信号机名称	点灯状态	灯丝断丝	后续区段发码	是否红灯转移	测试结果
1	2	3	4	5	6

(二)表格填写说明及试验方法

1.“信号机名称”:填写区间信号机名称,如 001、0010。

2."点灯状态":填写区间信号机显示,如红灯、黄灯、绿黄灯、绿灯。

(1)区间为正方向时,防护列车占用区段的信号机点红灯,次一架点黄灯,第三架信号机点绿黄灯,第四架信号机及其之后区间信号机点绿灯。

(2)改方过程中,TCC 应控制区间信号机灭灯。

(3)区间为反方向时,TCC 应控制区间信号机灭灯。

3."灯丝断丝":填写区间信号机灯丝双断时,控显界面显示状态,如信号机闪烁、灭灯、降级显示 U 灯等。

4."后续区段发码":填写区间信号机灯丝双断时,后方区段发码情况,如 JC 码。

5."是否红灯转移":填写区间信号机红灯灯丝双断时,次一架区间信号机是否点红灯,实现红灯转移,如是、否。

6."测试结果":核对区间信号机红灯及其他灯位灯丝双断时,后方区段发码情况、是否红灯转移等情况(见表 2-21)。

(1)区间信号机发生红灯灯丝双断时,TCC 应控制信号机后方区段发 JC 码(27.9 Hz),并实现红灯转移。

(2)信号机发生其他灯位(除红灯断丝外)断丝时,不影响后方点灯及区段发码。

(3)对于区间不设置信号机的高铁线路,不考虑进站信号机红灯灯丝断丝转移。

表 2-21 信号机灯丝断丝处理表

区间信号机显示	故障状况	显示逻辑处理原则	后方轨道区段发码
红灯	红灯故障	红灯转移	JC 码
黄灯	黄灯故障	灭灯	U 码
绿黄灯	绿灯故障	降级显示 U 灯	LU 码
	黄灯故障	灭灯	
绿灯	绿灯故障	灭灯	L 码

第六节 临时限速与降级显示

调度集中系统(CTC)负责拟定临时限速计划命令,TSRS 负责校验临时限速调度命令后分发给相关列控中心,列控中心负责根据进路状态、区间运行方向及临时限速指令等信息实时组帧,并编码生成相应的应答器报文,经 LEU 传输至有源应答器,装有 ATP 车载设备的动车组收到临时限速信息包(CTCS-2 包)后按限速要求运行。

对于经 18 号及以上道岔侧向位置接车、发车或通过进路,在其降级检查范围内设置低于 80 km/h 的临时限速或 2LQ 占用时,列控中心应按照降级原则控制该进路接近区段发码,并根据接发车类型,向联锁系统输出进站信号降级命令。

一、临时限速测试

(一)测试记录表格

临时限速测试使用的试验表格,参照表 2-22 所示。

表 2-22 临时限速测试记录表

<table>
<tr><td rowspan="2">临时限速公里标</td><td>应答器名称：</td><td>BX</td><td>BSN</td><td>BXN</td><td>BS</td><td rowspan="4">测试结果</td><td rowspan="4">备　注</td></tr>
<tr><td>公里标：</td><td></td><td></td><td></td><td></td></tr>
<tr><td colspan="2">下行管辖区范围</td><td colspan="4">起点里程标—终点里程标：</td></tr>
<tr><td colspan="2">上行管辖区范围</td><td colspan="4">起点里程标—终点里程标：</td></tr>
<tr><td colspan="2" rowspan="7">下行左边界限速
K　~K
限速值：</td><td>L_TSRarea=</td><td>L_TSRarea=</td><td rowspan="7">——</td><td rowspan="7">——</td><td></td><td>限速信息有效区段长度</td></tr>
<tr><td>D_TSR=</td><td>D_TSR=</td><td></td><td>到限速区段的距离</td></tr>
<tr><td>L_TSR=</td><td>L_TSR=</td><td></td><td>限速区段的长度</td></tr>
<tr><td>V_TSR=</td><td>V_TSR=</td><td></td><td>限速的限制速度</td></tr>
<tr><td>D_TSR(n)=</td><td>D_TSR(n)=</td><td></td><td>到下一个限速距离增量</td></tr>
<tr><td>L_TSR(n)=</td><td>L_TSR(n)=</td><td></td><td>限速区段长度</td></tr>
<tr><td>V_TSR(n)=</td><td>V_TSR(n)=</td><td></td><td>限速速度</td></tr>
</table>

(二)表格填写说明及试验方法

1."应答器名称":填写车站有源应答器的名称,如 BX、BXN、BS、BSN。

2."公里标":填写对应有源应答器的坐标里程,如 K10+200。

3."下(上)行管辖区范围起点里程标~终点里程标":依据"列控中心正线临时限速管辖范围"填写对应行别临时限速管辖区范围的起点、终点坐标里程,如 K0+629~K37+072(见表 2-23)。

表 2-23 列控中心正线临时限速管辖范围(参考)

<table>
<tr><td colspan="13">京沪正线限速管辖范围</td></tr>
<tr><td rowspan="2">车站</td><td colspan="6">下行(31 线)</td><td colspan="6">上行(32 线)</td></tr>
<tr><td>进站口有源应答器</td><td>信号机</td><td>起点公里标</td><td>出站口有源应答器</td><td>信号机</td><td>终点公里标</td><td>进站口有源应答器</td><td>信号机</td><td>起点公里标</td><td>出站口有源应答器</td><td>信号机</td><td>终点公里标</td></tr>
<tr><td>北京南高速场正线</td><td>—</td><td>北京南 SXⅢ</td><td>K0+629</td><td>K3+063</td><td>00257</td><td>K25+819</td><td>K3+073</td><td>00276</td><td>K27+594</td><td>—</td><td>北京南 SXⅣ</td><td>K0+625</td></tr>
<tr><td>中继 1</td><td>K12+245</td><td>北京南 SXⅢ</td><td>K0+629</td><td>K12+445</td><td>00369</td><td>K37+072</td><td>K12+782</td><td>00386</td><td>K38+755</td><td>K12+582</td><td>北京南 SXⅣ</td><td>K0+625</td></tr>
<tr><td>中继 2</td><td>K23+365</td><td>北京南 SXⅢ</td><td>K0+629</td><td>K23+565</td><td>00499</td><td>K50+137</td><td>K24+035</td><td>00520</td><td>K51+975</td><td>K23+835</td><td>北京南 SL8</td><td>K1+747</td></tr>
<tr><td>中继 3</td><td>K36+562</td><td>00089</td><td>K8+821</td><td>K36+762</td><td>00627</td><td>K62+858</td><td>K37+282</td><td>00670</td><td>K67+097</td><td>K37+082</td><td>00106</td><td>K10+489</td></tr>
<tr><td>中继 4</td><td>K49+627</td><td>00219</td><td>K21+834</td><td>K49+827</td><td>00753</td><td>K75+346</td><td>K50+396</td><td>00768</td><td>K76+865</td><td>K50+196</td><td>00236</td><td>K23+525</td></tr>
<tr><td>廊坊</td><td>K59+197</td><td>00351</td><td>K35+040</td><td>K61+801</td><td>00865</td><td>K86+662</td><td>K61+811</td><td>00884</td><td>K88+418</td><td>K59+207</td><td>00368</td><td>K36+772</td></tr>
</table>

4."下(上)行左(右)边界限速":填写对应行别、对应边界临时限速设置范围的起点、终点坐标里程,如临时限速边界坐标为 A,设置边界限速里程为(A−10、A+10)。以及设置的限速值,如 45 km/h。

5."测试结果":按照对应行别、对应边界设置相应的临时限速后,通过核对应答器解析报文中的“临时限速数据包 CTCS-2”的数据进行核对。如测试 BXN、BS 有源应答器下行左边界时，将 S 口区间置为发车方向、XN 口区间置为接车方向，排列 XN—SⅡ进路。此时，S 口有源应答器发送无限速发车报文，XN 有源应答器发送无限速正线接车进路报文。设置边界 A－10～A＋10 临时限速时，验证 XN、S 发送临时限速报文正确性(见图 2-15)。

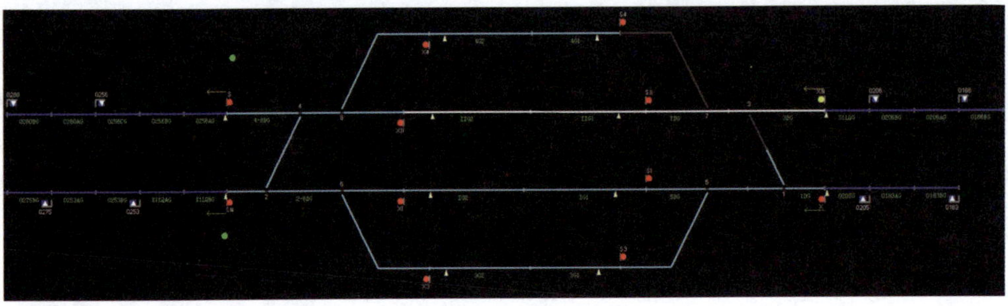

图 2-15 下行左边界临时限速设置示意

(1)名词解释：

L_TSRarea：临时限速信息有效区段长度。

D_TSR：到临时限速区段的距离。

L_TSR：临时限速区段的长度。

V_TSR：临时限速的限制速度(分辨率＝5 km/h)。

D_TSR(n)：到下一个临时限速区段的距离增量。

L_TSR(n)：下一个临时限速区段的长度。

V_TSR(n)：下一个临时限速的限制速度(分辨率＝5 km/h)。

(2)单方向临时限速管辖范围从本站进站口开始至前方车站出站口(或中继站第二个有源应答器组)再增加一个制动距离，制动距离涵盖从线路最高允许码降至 HU 码的所有闭塞分区，并延伸 100 m(见图 2-16)。

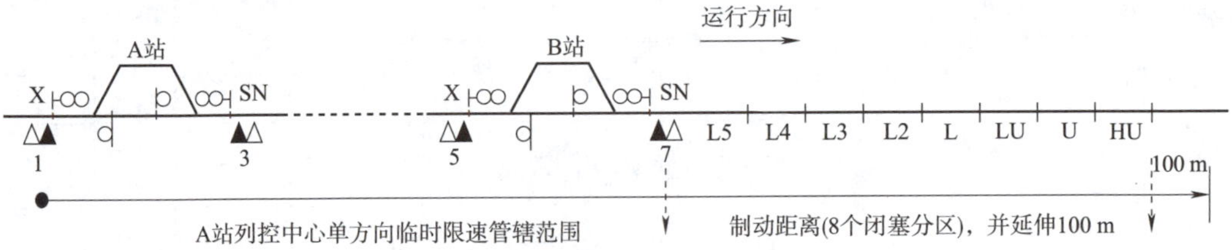

图 2-16 列控中心 TSR 管辖范围示意

(3)在 CTCS-2 级区段，有效区段长度 L_TSRarea 连续覆盖，对于应答器临时限速有效区段长度衔接处不能重叠的区域，延伸 80 m 作为重叠区。

(4)车站 TCC 和中继站 TCC 均作为 CTCS-2 级列控系统临时限速的更新点，在其 TSR 管辖范围内，具备同时设置 3 处 TSR 的能力(见图 2-17)，不含末端 45 km/h 限速。

(5)进站/出站口应答器正线临时限速有效区段长度 L_TSRarea 为 TCC 单方向临时限速管辖范围外加 100 m，并在 L_TSRarea 末端内方固定设置 100 m 长的 45 km/h 限速区(见图 2-18)。

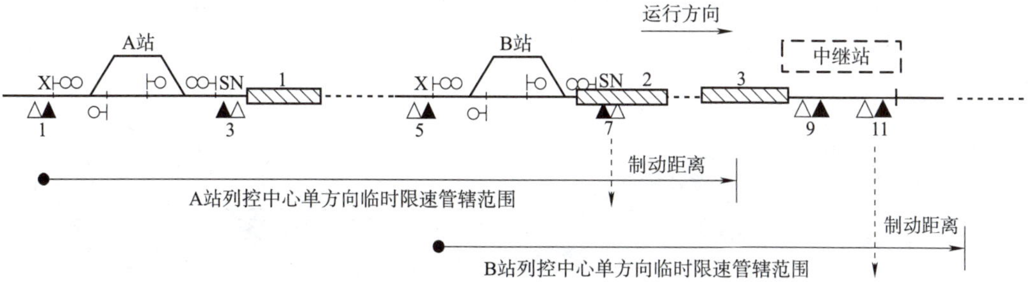

图 2-17　列控中心设置多处 TSR 示意

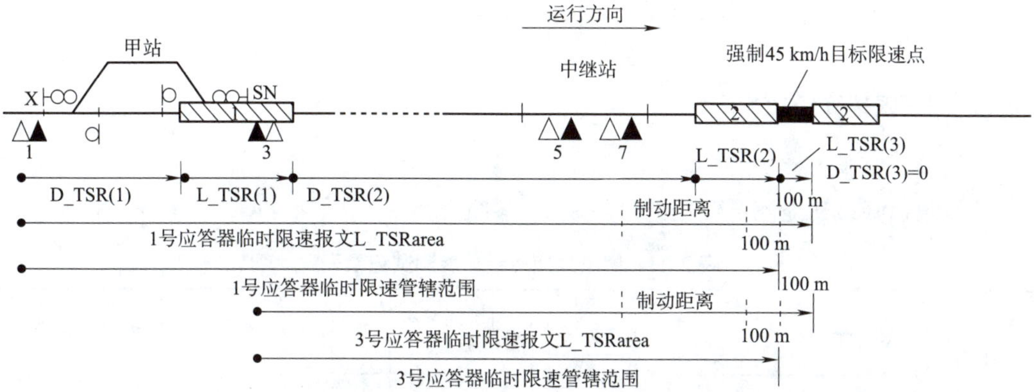

图 2-18　正线 TSR 有效区段长度示意(情景一)

(6)若 TCC 的正线限速管辖范围延伸的末端为仅能开放 UU 或 UUS 进、出站信号机，且该信号机设有列控中心控制执行的侧线限速降级时，则本站进、出站口应答器的正线临时限速有效区段长度为延伸至该信号机处加 100 m，且不再增加强制 45 km/h 的目标限速点(见图 2-19)。

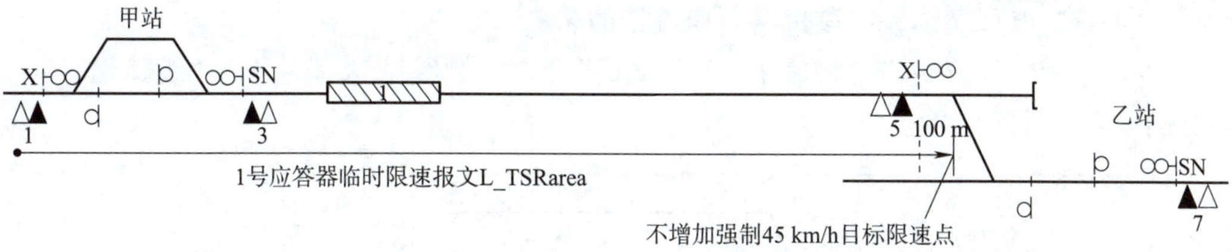

图 2-19　正线 TSR 有效区段长度示意(情景二)

(7)对于没有直股发车条件的侧向接车进路，临时限速有效区段长度为进站口应答器至进路终端防护信号机处，并延长 80 m(见图 2-20)。

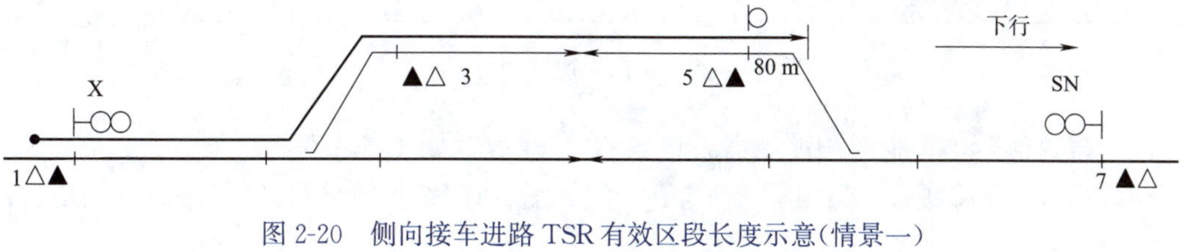

图 2-20　侧向接车进路 TSR 有效区段长度示意(情景一)

(8)对于可直股发车的侧向接车进路，临时限速有效区段长度为进站口应答器至出站口应答器处，并延长 80 m(见图 2-21)。

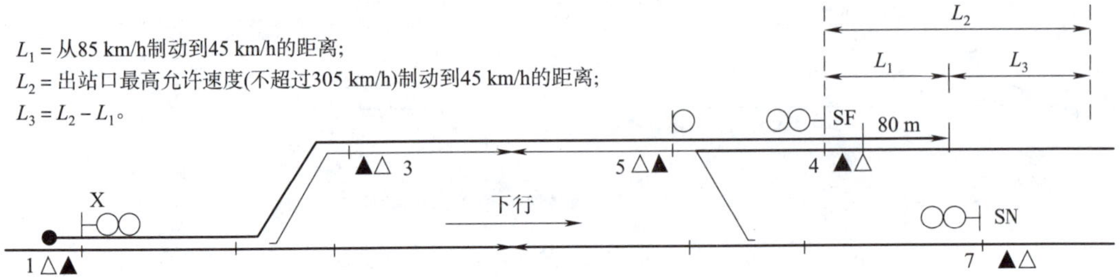

图 2-21　侧向接车进路 TSR 有效区段长度示意(情景二)

二、侧线限速降级功能测试

(一)测试记录表格

侧线限速降级功能测试使用的试验表格，参照表 2-24 所示。

表 2-24　侧线限速降级功能测试记录表

序号	应答器名称	相关进路			限速命令	限速值	是否显示降级标志	信号机显示	区段发码	测试结果	备注
		始端	变通	终端							
1	2	3	4	5	6	7	8	9	10	11	12
1											

(二)表格填写说明及试验方法

1.“应答器名称”：填写车站有源应答器的名称，如 BX、BXN、BSⅡ等。

2.“相关进路”：填写联锁表给定相关侧向接、发车进路(不含正线限速区的侧向进路)始终端信号机名称。

3.“变通”：填写联锁表中该进路变通按钮的名称。

4.“限速命令”：填写临时限速中“命令类型”设置为侧线限速条件下的“线路编号”，如侧 3、侧 4 等(见图 2-22)。

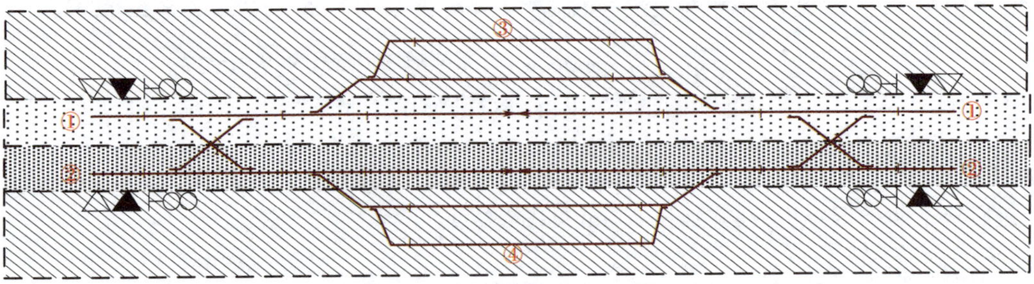

图 2-22　站内限速区划分示意

5.“限速值”：填写临时限速中需要设置的“限速值”，如 45 km/h。

6.“是否显示降级标志”：填写接车、发车信号是否有降级标志显示(见图 2-23)，如是、否。

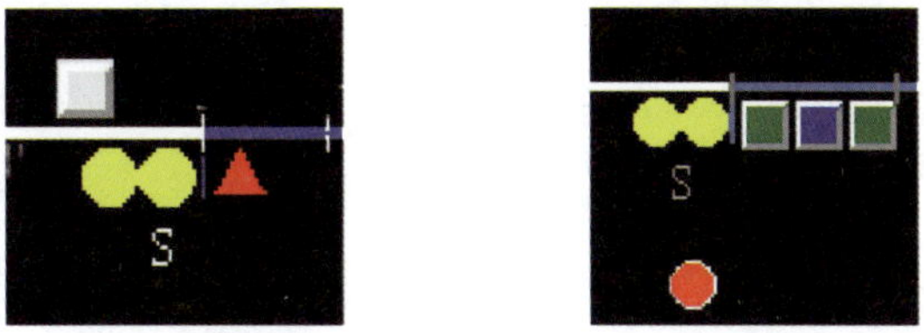

(a)非对标版　　(b)对标版

图 2-23　信号机降级显示示意

7.“信号机显示”:填写接车、发车信号机显示,如 UU、UUS、L。

8.“区段发码”:填写接近区段发码情况,如 UU 码(18 Hz)、UUS 码(19.1 Hz)。

9.“测试结果”:核对排列侧向接车、发车进路,当侧线临时限速设置低于 80 km/h 侧线股道限速值前后,查看相应侧线股道限速显示、相应始端信号机显示、相应始端信号机降级标志显示、相应接近区段发码以及应答器报文中对于临时限速报文包(CTCS-2 报文包)下限速值的正确性。

(1)侧线限速不影响正线线路(见图 2-24),无论具体侧线限速地点(见图 2-24 中侧线 1 号和 2 号限速)位置如何,均按所属侧线分区设置侧线限速,相应侧线分区内的所有接发车进路均为全进路限速。

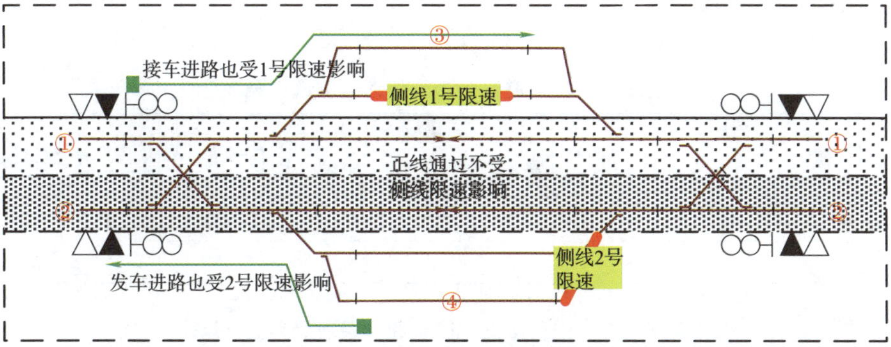

图 2-24　侧线限速对正线无影响示意

(2)当侧向接车进路有低于 80 km/h 的临时限速时,列控中心应控制接近区段发 UU 码,并向 CBI 发送进站信号机降级显示 UU 命令,进站口应答器发送临时限速速度值与实际进路上最低限速值一致(见图 2-25)。

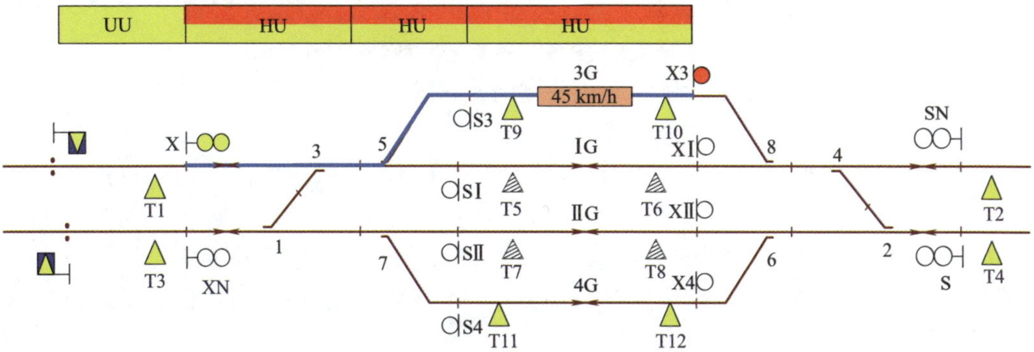

图 2-25　侧向接车进路限速示意

(3)当侧向发车进路上有低于 80 km/h 的临时限速时,侧向发车信号开放后,列控中心应控制对应的发车股道发送 UU 码,不输出出站信号机降级命令,出站应答器发送临时限速速度值与进路上实际最低限速值一致(见图 2-26)。

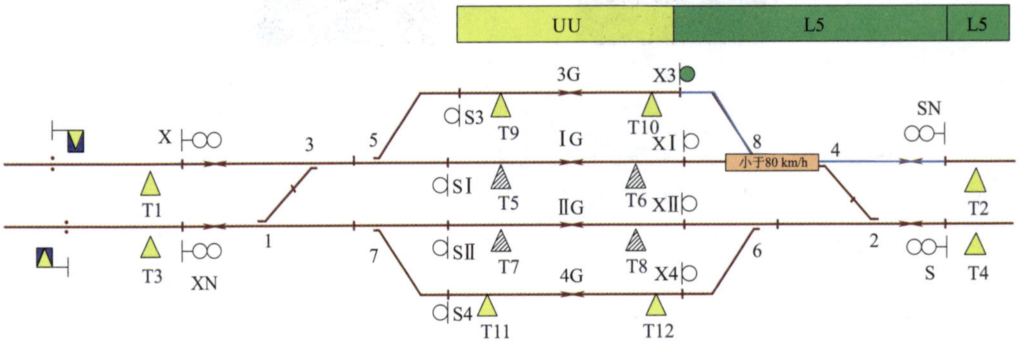

图 2-26 侧向发车进路限速示意

三、接车进路限速降级功能测试

(一)测试记录表格

接车进路限速降级功能测试使用的试验表格,参照表 2-25、表 2-26 所示。

表 2-25 接车进路限速降级功能测试记录表

序号	应答器名称	相关进路			限速命令(信号机内方、进路内)			是否显示降级标志	信号机显示	区段发码	测试结果	备注
		始端	变通	终端	起点里程	终点里程	限速值					
1	2	3	4	5	6	7	8	9	10	11	12	13
1												

表 2-26 接车进路接近区段限速降级功能测试记录表

序号	应答器名称	相关进路			限速命令(进路外)			是否显示降级标志	信号机显示	区段发码	测试结果	备注
		始端	变通	终端	起点里程	终点里程	限速值					
1	2	3	4	5	6	7	8	9	10	11	12	13
1												

(二)表格填写说明及试验方法

1.“应答器名称”:填写车站有源应答器的名称,如 BX、BXN、BSⅡ等。

2.“相关进路”:填写联锁表给定的相关侧向接车进路的始终端信号机名称。

3.“变通”:填写联锁表中该进路变通按钮的名称。

4.“起点里程”:填写临时限速中“命令类型”设置为正线限速条件下信号机内方、进路内或接近区段(进路外)的“开始公里标”,如 K1+200 等。

5.“终点里程”:填写临时限速中“命令类型”设置为正线限速条件下信号机内方、进路内或接近区段(进路外)的“结束公里标”,如 K1+221 等(需注意的是起点里程~终点里程间公里标设置最小距离为 21 m)。

6.“限速值”:填写临时限速中需要设置的“限速值”,如 45 km/h。

7.“是否显示降级标志”：填写接车信号是否有降级标志显示，如是、否。

8.“信号机显示”：填写接车信号机显示，如 UU、UUS。

9.“区段发码”：填写接近区段发码情况，如 UU 码(18 Hz)、UUS 码(19.1 Hz)。

10.“测试结果”：核对排列侧向接车进路，当正线临时限速设置低于 80 km/h 的限速值前后，查看相应里程限速显示、相应始端信号机显示、相应始端信号机降级标志显示、相应接近区段发码以及应答器报文中对于临时限速报文包(CTCS-2 报文包)下的限速值的正确性。

(1)当在接车进路内方临时限速设置低于 80 km/h 的限速时，列控中心应控制接近区段发 UU 码，并向 CBI 发送进站信号机降级显示 UU 命令，进站口应答器发送临时限速速度值与实际进路上最低限速值一致(见图 2-27)。

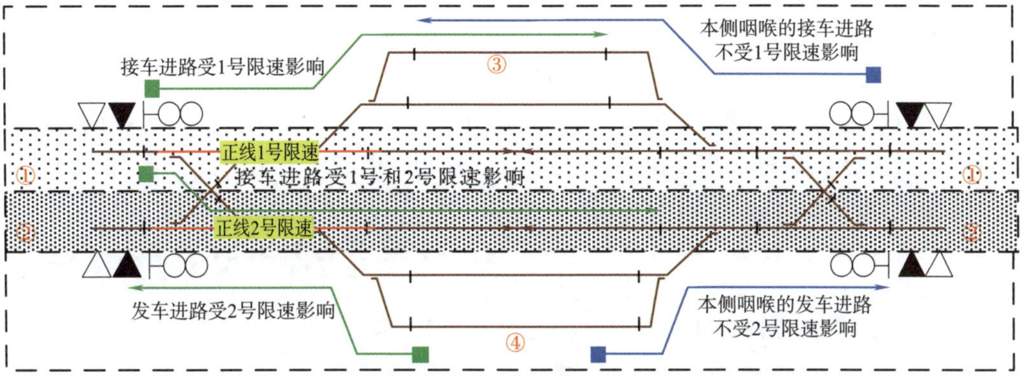

图 2-27 正线限速影响侧线示意

(2)当在进站信号机外方的接近区段临时限速设置低于 80 km/h 的限速值时，列控中心应控制接近区段发 UU 码，并向 CBI 发送进站信号机降级显示 UU 命令，进站口应答器发送临时限速速度值与实际进路上最低限速值一致。

四、发车进路限速降级功能测试

(一)测试记录表格

发车进路限速降级功能测试使用的试验表格，参照表 2-27～表 2-29 所示。

表 2-27 发车进路限速降级功能测试记录表

序号	应答器名称	相关进路			限速命令(信号机内方、进路内)			是否显示降级标志	信号机显示	区段发码	测试结果	备注
		始端	变通	终端	起点里程	终点里程	限速值					
1	2	3	4	5	6	7	8	9	10	11	12	13
1												

表 2-28 发车进路 L_1 范围内限速降级功能测试记录表

序号	应答器名称	相关进路			限速命令(L_1 范围内)			是否显示降级标志	信号机显示	区段发码	测试结果	备注
		始端	变通	终端	起点里程	终点里程	限速值					
1	2	3	4	5	6	7	8	9	10	11	12	13
1												

表 2-29 发车进路 2LQ 占用限速降级功能测试记录表

序号	应答器名称	相关进路			是否显示降级标志	点灯状态		灭灯状态		测试结果	备注
		始端	变通	终端		信号机显示	区段发码	信号机显示	区段发码		
1	2	3	4	5	6	7	8	9	10	11	12
1											

(二)表格填写说明及试验方法

1."应答器名称":填写车站有源应答器的名称,如 BX、BXN、BSⅡ等。

2."相关进路":填写联锁表给定的相关侧向发车进路的始终端信号机名称。

3."变通":填写联锁表中该进路变通按钮的名称。

4."起点里程":填写临时限速"命令类型"设置为正线限速条件下信号机内方(进路内)或离去区段制动距离 L_1 范围内的"开始公里标",如 K1+200 等。

5."终点里程":填写临时限速中"命令类型"设置为正线限速条件下信号机内方(进路内)或离去区段制动距离 L_1 范围内"结束公里标",如 K1+221 等。

6."限速值":填写临时限速中需要设置的"限速值",如 45 km/h。

7."是否显示降级标志":填写发车信号是否有降级标志显示,如是、否。

8."信号机显示":填写发车信号机显示,如 L。

9."区段发码":填写接近区段发码情况,如 UU 码(18 Hz)、UUS 码(19.1 Hz)。

10."测试结果":核对排列侧向发车进路,正线临时限速设置低于 80 km/h 的限速值前后,查看相应里程限速显示、相应始端信号机显示、相应始端信号机降级标志显示、相应接近区段发码以及应答器报文中对于临时限速报文包(CTCS-2 报文包)下的限速值的正确性。

(1)当在发车进路内方临时限速设置低于 80 km/h 的限速时,列控中心应控制接近区段发 UU 码,不输出出站信号机降级命令,出站应答器发送临时限速速度值与进路上实际最低限速值一致(见图 2-27)。

(2)当在离去区段制动距离 L_1 范围内(见表 2-30)临时限速设置低于 80 km/h 的限速值时,列控中心应控制接近区段发 UU 码,不输出出站信号机降级命令,出站应答器发送临时限速速度值与进路上实际最低限速值一致。

表 2-30 制动距离 L_1、L_2、L_3 信息(参考)

站 名	出站口	L_1		L_2		L_3
		参考信号点	长度	参考信号点	长度	长度
广安门	X	0015	810	北京西 SXⅥ	2 679	1 869
	SN	0053	657	0075	3 006	2 349
	S	0056	1 103	0070	2 476	1 373
	XN	XG	1 009	北京西 XXⅦ	2 674	1 665

①排列带有直向发车进路的侧向通过进路,信号开放后,在离去区段的制动距离 L_1 内有低于 80 km/h 的限速时,TCC 应控制接近区段发 UU 码,并向 CBI 发送进站信号机降级显示 UU 命令,进站口应答器发送临时限速速度值与实际进路上最低限速值一致(见图 2-28)。

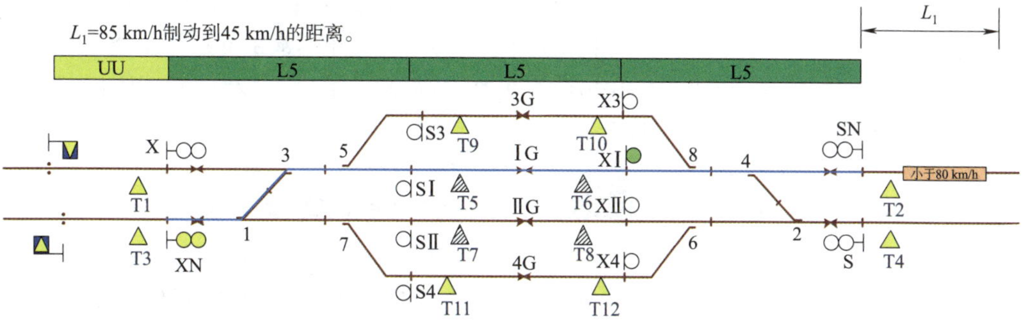

图 2-28　弯进直出进路限速示意(L_1 内)

②排列带有直向发车进路的侧向通过进路，信号开放后，在进路仅位于 L_3 范围内有低于 80 km/h 的限速时，TCC 应控制接近区段发 UUS 码，不输出进站信号机降级显示命令，进站口应答器发送 80 km/h 临时限速报文(见图 2-29)。

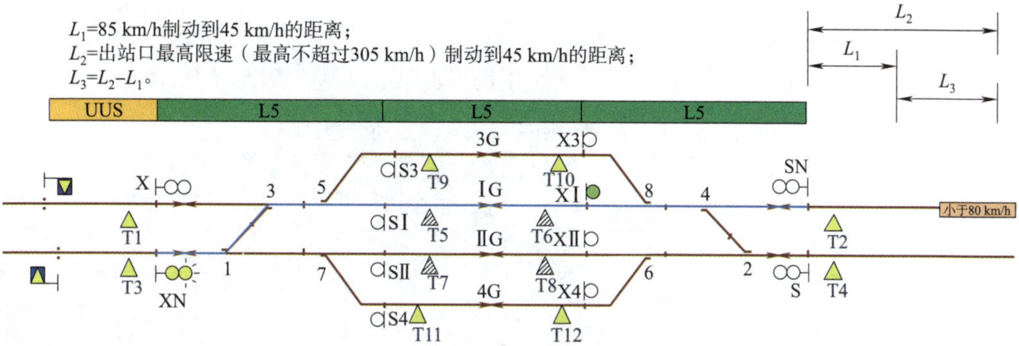

图 2-29　弯进直出进路限速示意(L_3 内)

③排列带有直向发车进路的侧向通过进路，信号开放后，在进路或离去区段的制动距离 L_2 内设置有大于或等于 80 km/h 但小于出站口最高限速的临时限速时，TCC 应控制接近区段发 UUS 码，不输出进站信号机降级显示命令，进站口应答器发送临时限速速度值与实际进路上最低限速值一致(见图 2-30)。

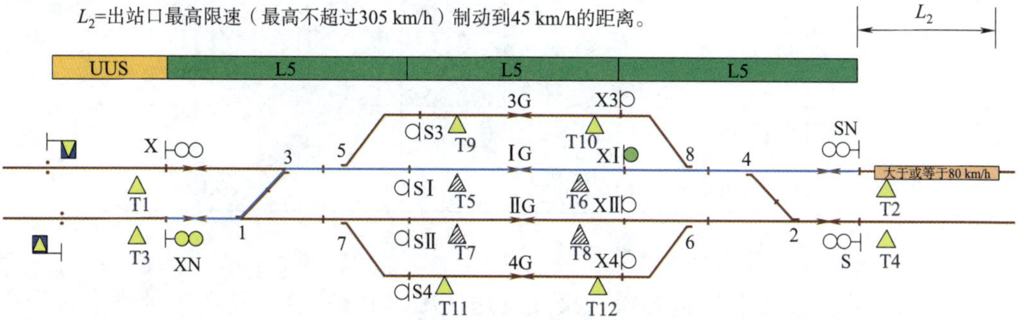

图 2-30　弯进直出进路限速示意(L_2 内)

(3)当二离去区段占用时，如区间口为自动闭塞，1LQ 应发 HU 码(26.8 Hz)，列控中心应控制接近区段发 UU 码,不输出出站信号机降级命令。在经过牵引计算确认第一离去区段的长度满足 80 km/h 到 0 km/h 列车制动距离要求,可以保障安全的情况下,也可以不降级发送 UU 码;如区间口为站间闭塞,允许发车继电器 YFJ 落下,出站信号关闭,列控中心应控制接近区段发 HU 码(26.8 Hz)。

第七节 应答器报文组帧及编码

列控中心根据联锁进路状态、临时限速服务器信息,按照安全编码算法实时组帧应答器报文。常用的有源应答器报文信息包有:信息帧【报头】、应答器链接【ETCS-5】、线路速度【ETCS-27】、特殊区段【ETCS-68】、调车危险【ETCS-132】、目视行车危险【ETCS-137】、默认报文【ETCS-254】、轨道区段【CTCS-1】、临时限速【CTCS-2】、大号码道岔【CTCS-4】、绝对停车【CTCS-5】。

一、大号码道岔应答器报文发送功能测试

(一)测试记录表格

大号码道岔应答器报文发送功能测试使用的试验表格,参照表 2-31 所示。

表 2-31 大号码道岔应答器报文发送功能测试记录

序号	测试方法	大号码道岔报文	信号降级	报文解析文件名称	测试结果	备 注
1	2	3	4	5	6	7
1	无进路、经大号码道岔直向进路或区间反方向	否	否			
2	区间正方向,排列侧向进路,无临时限速	是	否			
3	区间正方向,排列侧向进路,在临时限速降级检查范围内设置低于最大过岔速度的临时限速	停发	是			
4	区间正方向,排列侧向进路,无临时限速,模拟占用大号码道岔检查范围内区段	停发	是			
5	首先在检查范围内设置高于 80 km/h,且低于大号码道岔侧向允许速度的限速,再排列侧向进路	否	否			
6	首先在检查范围内设置低于 80 km/h 的限速,再排列侧向进路	否	是			
7	首先在检查范围内模拟占用某区段,再排列侧向进路	否	否			
8	区间正方向,排列侧向进路,无临时限速 模拟占压大号码道岔所在闭塞分区(不含)至大号码道岔防护信号机间的闭塞分区/取消占用	停发/恢复发送	否			

(二)表格填写说明及试验方法

1.“大号码道岔报文”:大号码道岔报文发送情况,如“是”表示发送大号码道岔报文、“停发”表示因限制条件控制大号码道岔报文不再发送、“恢复发送”表示因限制条件解除后继续发送大号码道岔报文。

2.“信号降级”:进站信号显示降级及降级标志显示情况,如“是”表示信号显示降级同

时显示降级标志。

3.“报文解析文件名称”：填写大号码道岔应答器相应测试方法下报文另存为的文件名。如DD-应答器名称-测试方法编号(DD-B1031-1，即大号码道岔应答器DD-应答器名称B1031-测试方法第一种“无进路、经大号码道岔直向进路或区间反方向”1)。

4.“测试结果”：核对大号码道岔应答器相应测试方法下是否降级以及报文发送正确性，并将该应答器报文归档保存以备核查(见图2-31)。

(1)联锁未排列进路或排列经大号码道岔直向进路或区间为反方向时，TCC应控制大号码道岔应答器发送允许通过报文。

(2)区间为正方向，联锁排列经大号码道岔侧向进路，临时限速降级检查范围内无低于大号码道岔侧向允许速度的临时限速时，且大号码道岔检查范围内轨道区段无占用时，TCC应控制大号码道岔应答器发送大号码道岔报文。

(3)区间为正方向，联锁排列经大号码道岔侧向进路，TCC控制大号码道岔应答器发送大号码道岔报文，此时在临时限速降级检查范围内设置低于大号码道岔侧向允许速度的临时限速时，TCC应控制大号码道岔应答器发送允许通过报文，同时向联锁发送进站信号降级命令，联锁控显界面相应信号机旁应显示降级标志。

(4)区间为正方向，联锁排列经大号码道岔侧向进路，TCC控制大号码道岔应答器发送大号码道岔报文，此时模拟占用大号码道岔检查范围内的离去区段(二离去区段)，TCC应控制大号码道岔应答器发送允许通过报文，同时向联锁发送进站信号降级命令，联锁控显界面相应信号机旁应显示降级标志。

(5)区间为正方向，首先在临时限速降级检查范围内设置高于80 km/h，且低于大号码道岔侧向允许速度的临时限速条件下，联锁排列经大号码道岔侧向进路，TCC应控制大号码道岔应答器发送允许通过报文，但不向联锁发送进站信号降级命令。

(6)区间为正方向，首先在临时限速降级检查范围内设置低于80 km/h临时限速条件下，联锁排列经大号码道岔侧向进路，TCC应控制大号码道岔应答器发送允许通过报文，同时向联锁发送进站信号降级命令。

(7)区间为正方向，首先占用大号码道岔检查范围内的离去区段(二离去区段)条件下，联锁排列经大号码道岔侧向进路，TCC应控制大号码道岔应答器发送允许通过报文，但不向联锁发送进站信号降级命令。

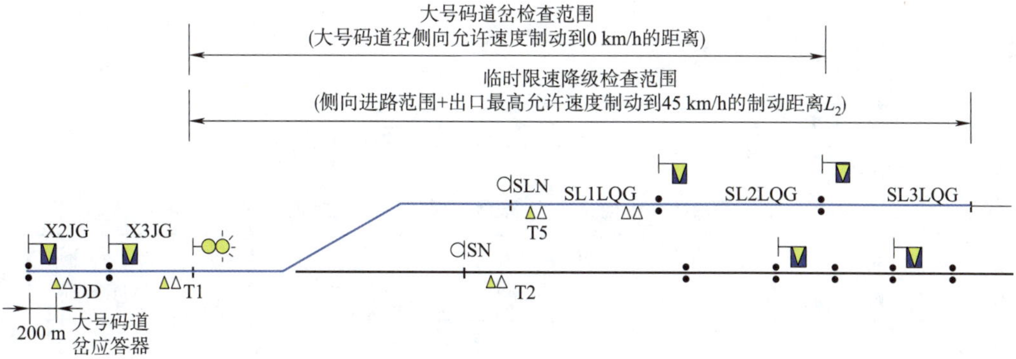

图2-31 大号码道岔示意

(8)区间为正方向，联锁排列经大号码道岔侧向进路，TCC控制大号码道岔应答器发送大号码道岔报文，此时模拟占用大号码道岔防护信号机外方的接近区段(UUS闭塞分区)，TCC应控制大号码道岔应答器发送允许通过报文(停发大号码道岔报文)，但不向联锁发送进站信号降级命令。当取消占用后大号码道岔报文继续发送。

大号码道岔应答器所在闭塞分区(U2S闭塞分区)的占用、空闲状态不影响大号码道岔报文发送，不影响进路降级。

二、站内无限速接发车进路报文测试

(一)测试记录表格

站内无限速接发车进路报文测试使用的试验表格，参照表2-32所示。

表2-32 站内无限速接发车进路报文测试记录表(初始化)

应答器名称	报文解析文件名称	计算机联锁进路				报文内容核对											备注(降级)
		进路编号	始终端	变通	信号机	信息帧	应答器链接 ETCS-5	线路速度 ETCS-27	特殊区段 ETCS-68	调车危险 ETCS-132	目视行车危险 ETCS-137	默认报文 ETCS-254	轨道区段 CTCS-1	临时限速 CTCS-2	大号码道岔 CTCS-4	绝对停车 CTCS-5	
1	2	3	4	5	6	7	8	9	10	11	12	13	14	15	16	17	18

(二)表格填写说明及试验方法

1.“应答器名称”:填写进站、出站信号机处有源应答器名称，如BX、BXN、BXⅠ、BSⅡ等。

2.“报文解析文件名称”:填写应答器报文另存为的文件名。如无限速-始端信号机-变通按钮-终端信号机-应答器名称(WXS-X3-D106-SN-BX3，即无限速WXS-出站信号机X3-变通按钮D106-反方向进站信号机SN-出站信号机所属应答器名称BX3)。

3.“计算机联锁进路编号”:填写联锁表给定的接车、发车进路号码。

4.“始终端、变通、信号机”:填写联锁表给定的相关接车、发车进路的始终端信号机名称及变通按钮名称。

5.“报文内容核对”:核对站内无限速接车、发车进路情况下，结合工程数据表，有源应答器解析报文中各报文包的正确性，并将该应答器报文归档保存以备核查。具体核对方法参见“附录B 列控中心有源应答器报文分配原则”和“附录C 列控中心有源应答器报文核对方法”。

三、侧线通过进路预告报文测试

(一)测试记录表格

侧线通过进路预告报文测试使用的试验表格，参照表2-33所示。

表2-33 侧线通过进路预告报文测试记录表

接车进路			发车进路			预告应答器	预告报文解析文件名称	对比应答器	对比报文解析文件名称	进路预告报文内容核对	备注
进路号	始端	终端	进路号	始端	终端						
1	2	3	4	5	6	7	8	9	10	11	12

（二）表格填写说明及试验方法

1.“接车进路进路号”：填写联锁表给定的侧线接车进路号码。

2.“接车进路始端”：填写联锁表给定的侧线接车进路始端信号机名称。

3.“接车进路终端”：填写联锁表给定的侧线接车进路终端信号机名称。

4.“发车进路进路号”：填写联锁表给定的对应侧线顺向发车进路号码。

5.“发车进路始端”：填写联锁表给定的对应侧线顺向发车进路始端信号机名称。

6.“发车进路终端”：填写联锁表给定的对应侧线顺向发车进路终端信号机名称。

7.“预告应答器”：填写侧线通过组合进路中，侧线发车进路出站信号机股道另一端反向出站信号机处的预告应答器名称。如 BS3（如图 2-32 中 T9）。

8.“预告报文解析文件名称”：填写应答器报文另存为的文件名。如侧线通过进路-预告-预告应答器名称（CT-YG-BS3，即侧线通过进路 CT-预告 YG-预告应答器名称 BS3）。

9.“对比应答器”：填写侧线通过组合进路中，侧线发车进路出站信号机所属应答器名称。如 BX3（如图 2-32 中 T10）。

10.“对比报文解析文件名称”：填写应答器报文另存为的文件名。如侧线通过进路-对比-对比应答器名称（CT-DB-BX3，即侧线通过进路 CT-对比 DB-对比应答器名称 BX3）。

11.“进路预告报文内容核对”：核对侧线通过组合进路中，预告报文的数据范围应与对比报文相同，并将该应答器报文归档保存以备核查（见图 2-32）。

（1）排列弯进弯出通过进路后，反向出站信号机处预告应答器发送包含发车进路信息的报文。

（2）排列弯进直出通过进路后，反向出站信号机处预告应答器发送反向绝对停车报文。

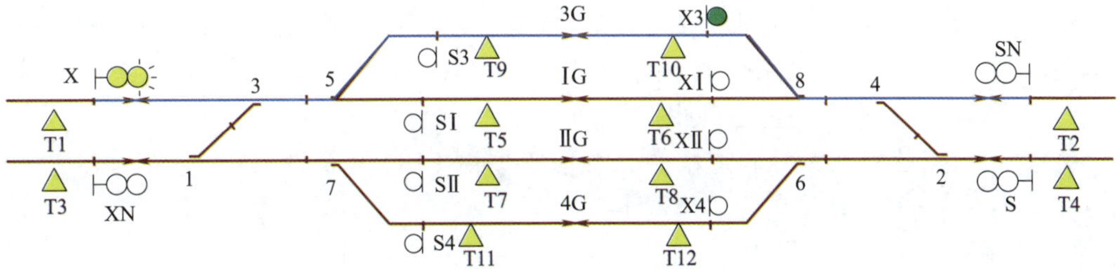

图 2-32　预告应答器与对比应答器示意

四、LEU 报文特征码测试

（一）测试记录表格

LEU 报文特征码测试使用的试验表格，参照表 2-34 所示。

表 2-34　LEU 对位测试记录表

名称	列控维护机LEU 显示是否正常	LEU冗余切换是否正常	LEU端口号	对应信号机名称	对应应答器编号	LEU 指示灯是否正确（含短路、断路报警等）	列控中心默认报文（特征码）	列控中心默认报文是否正确	LEU 默认报文（特征码）	LEU默认报文是否正确	有源应答器默认报文（特征码）	有源应答器默认报文是否正确	备　注
1	2	3	4	5	6	7	8	9	10	11	12	13	14
LEU1			1										
			2										
			3										
			4										

(二)表格填写说明及试验方法

1."名称":填写 LEU 名称,如 LEU1、LEU2。

2."列控维护机 LEU 显示是否正常":查看列控维护机监测视图菜单下的工况图中,CI-TIU 板卡、LEU、LEU 切换单元以及有源应答器相互间的连接情况和工作状态是否正常(见图 2-33)。

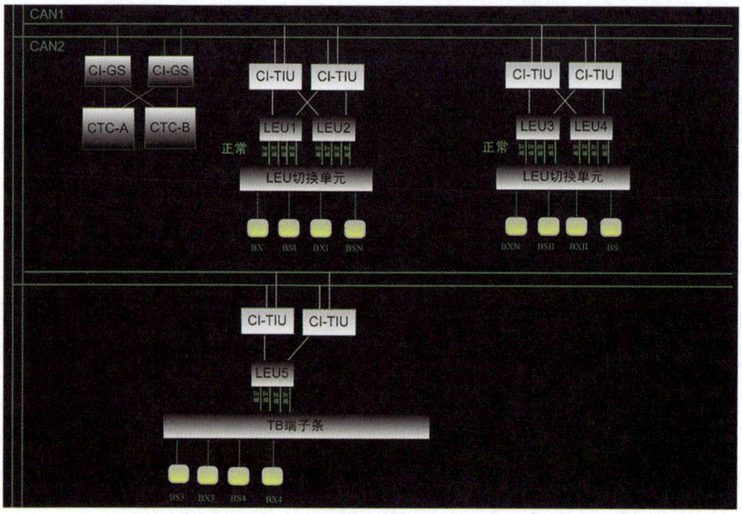

图 2-33　LEU 连接状态示意

3."LEU 冗余切换是否正常":人工冗余切换 LEU,LEU 切换过程中,应不影响列控中心报文输出。LEU 冗余的主备工作状态以及与 CI-TIU 板卡、LEU 切换单元、有源应答器相互间连接情况和工作状态正常(见图 2-34)。

(1)进站口以及控制大号码道岔的有源应答器由 LEU 冗余设置,并配置一套切换单元,2 个 LEU 输出经过切换单元后至输出。

(2)控制到发线出站信号机处应答器的 LEU 采用单套设备。

(3)其他应答器由单独的 LEU 控制。

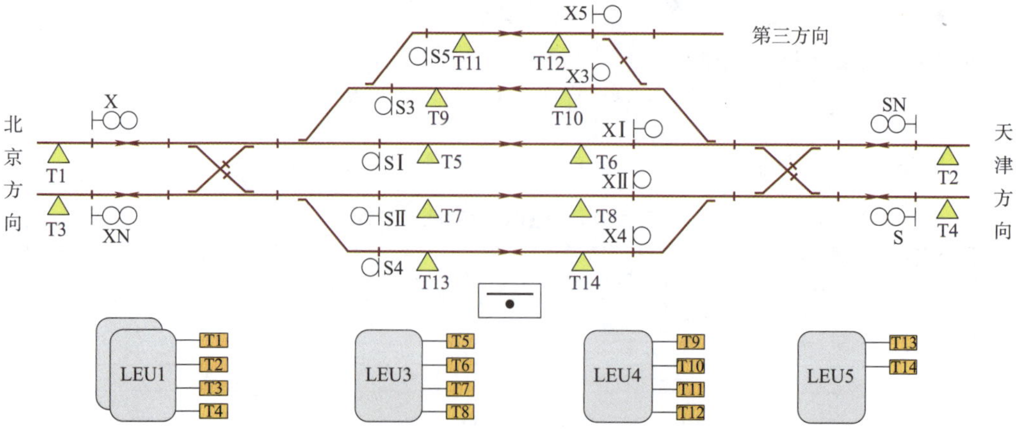

图 2-34　LEU 和应答器冗余控制示意

4.“对应信号机名称”：填写 LEU 相应端口对应的信号机名称，如 S、XN。

5.“对应应答器编号”：填写相应信号机对应的有源应答器编号，如“070-2-04-019-3”。

6.“LEU 指示灯是否正确（含短路、断路报警等）”：人工短路、断路应答器电缆，查看 ECI 电缆检测盒相应端口指示灯正确性（见表 2-35、图 2-35）。

表 2-35　ECI 电缆检测盒指示灯说明表

序　号	状　　态	OPEN 灯	SHORT 灯	说　　明
1	设备正常	亮	亮	设备及电缆正常
2	无 24 V 供电	灭	灭	ECI 无 DC 24 V 工作电源，ECI 不工作，但不影响 LEU 工作
3	电缆开路	亮	灭	电缆开路
4	电缆短路	灭	亮	电缆短路
5	ECI 无输入	同步闪	同步闪	ECI 该路无输入
6	LEU 无输入	交替闪	交替闪	LEU 限制该路输出

图 2-35　LEU 及 ECI 电缆检测盒示意

7.“列控中心默认报文”：列控中心与临时限速通信未中断，但临时限速未完成初始化时有源应答器收到的特征码。

8.“列控中心默认报文是否正确”：核对特征码是否正确，报文计数器是否为“253”。

9.“LEU 默认报文”：列控中心与 LEU 通信中断时有源应答器收到的特征码。

10.“LEU 默认报文是否正确”：核对特征码是否正确，报文计数器是否为“0”。

11.“有源应答器默认报文”：LEU 与有源应答器连接中断，或 LEU 冗余双套故障时有源应答器收到的特征码。

12.“有源应答器默认报文是否正确”：核对特征码是否正确，报文计数器是否为“252”。

五、应答器报文特征码测试

（一）测试记录表格

应答器报文特征码测试使用的试验表格，参照表 2-36 所示。

表 2-36　应答器报文特征码测试记录表

序号	线别	车站名称	行别	应答器编号	特征码	里程	设备类型	应答器高度（mm）	尾缆长度（m）	用途	博格板号	测试结果
1	2	3	4	5	6	7	8	9	10	11	12	13

（二）表格填写说明及试验方法

1.“序号”：从 1 开始使用阿拉伯数字顺序填写。

2.“线别”：填写车站所在线路名称，如京津城际、京沪高铁。

3.“车站”：填写车站名全称。

4.“行别”：填写应答器所在行别，如上行、下行。

5.“应答器编号”：填写有源、无源应答器编号，如“070-2-04-019-3”。

6.“特征码”：填写设备数据单中有源、无源应答器默认报文的 32 位特征码。

7.“里程”：填写有源、无源应答器的坐标里程，如 K10＋200。

8.“设备类型”：填写应答器的类型，如有源、无源。

9.“应答器高度（mm）”：填写应答器垂直安装时应答器中心 X 基准标线（应答器侧面）与钢轨顶面之间的距离（见图 2-36）。需注意的是，应答器中心 X 基准标线与应答器表面之间有 13 mm 的差距（该距离包括应答器表面花纹）。一般情况下，应答器中心 X 基准标线与钢轨顶面间垂直距离为 93～193 mm，具体以项目要求为准。

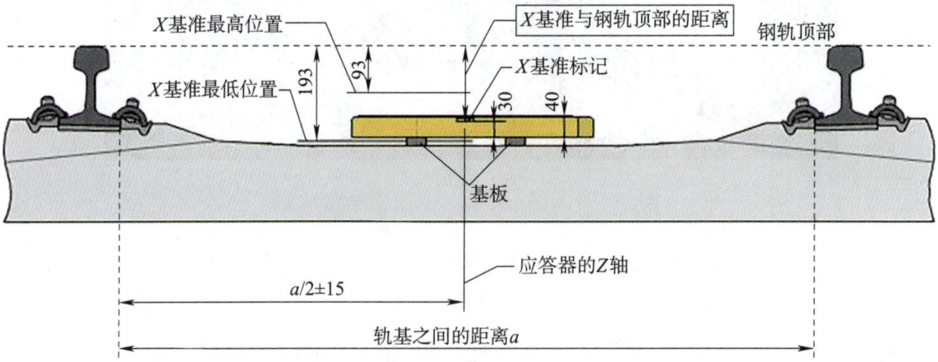

(a)

图　2-36

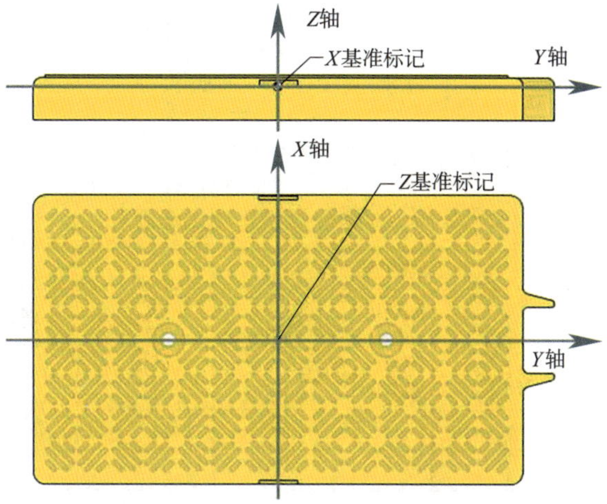

(b)

图 2-36　应答器中心基准标线示意(单位:mm)

10."尾缆长度(m)":填写有源应答器与轨旁电缆盒连接的尾缆(ϕ12 mm、4 芯)长度。一般情况下,尾缆最大长度为 9 m,可以截短至任意长度。

11."用途":填写有源、无源应答器的用途(见表 2-37),如 Q、JZ 等。

表 2-37　应答器用途定义表

用　途	意　义	用　途	意　义
DW	定位	JL	进路
FDW	反向定位	DC	调车
Q	区间	YG	预告
FQ	反向区间	ZX	执行
JZ	进站信号机	DD	大号码道岔(18 号以上)
FJZ	反向进站	R	RBC 切换
CZ	出站信号机	RL	RBC 连接
FCZ	反向出站	JD	精确定位
ZJ	中继站	AC	ATO 呼叫

12."博格板号":填写有源、无源应答器安装位置所在无砟轨道博格板编号。一般情况下,博格板以 6.5 m/块为单位顺序编号,上行用">+博格板编号"表示,如>10032;下行用"<+博格板编号"表示,如<00078。

13."测试结果":现场通过应答器数据读取装置,核对有源、无源应答器产品编号、数据编号、特征码等信息一致性。

第八节　异物侵限与地震灾害防护信息

列控中心控制轨道电路编码时,还应通过获取异物侵限和地震报警等信息,按照"故障—安全"的原则实现灾害防护。

一、异物侵限接口测试

(一)测试记录表格

异物侵限接口测试使用的试验表格,参照表 2-38 所示。

表 2-38 异物侵限接口测试记录表

序号	异物侵限地点	影响区段名称	发生异物侵限							异物侵限复原					备注
			对应异物继电器落下	对应轨道继电器落下	站内GDJ落下	对应区段发29 Hz低频码	前后区段码序追踪	联锁显示	CTC显示	对应异物继电器吸起	对应轨道继电器吸起	对应区段发码正常	联锁显示	CTC显示	
1	2	3	4	5	6	7	8	9	10	11	12	13	14	15	16

(二)表格填写说明及试验方法

1.“异物侵限地点”:填写安装异物侵限监测设备的名称,如玉蜓桥异物。

2.“影响区段名称”:填写该异物侵限处关联设计的全部轨道区段名称。

3.“发生异物侵限”:指异物对线路造成侵限,异物侵限防护系统启动。

(1)“对应异物继电器落下”:核对该异物侵限继电器 YWJ 是否为落下状态。

(2)“对应轨道继电器落下”:核对该异物侵限关联设计的全部轨道区段 GJ 是否为落下状态。异物侵限灾害防护的基本单元:区间线路为闭塞分区,站内为轨道电路区段。

(3)“站内 GDJ 落下”:核对该异物侵限关联设计的站内 GDJ 是否为落下状态。

(4)“对应区段发 29 Hz 低频码”:核对该异物侵限关联设计的全部轨道区段是否低频发 29 Hz H 码(见图 2-37)。

(5)“前后区段码序追踪”:核对该异物侵限关联设计的全部轨道区段相邻前后区段是否低频按追踪码序发码(见图 2-37)。

(6)“联锁显示”:核对该异物侵限关联设计的全部轨道区段联锁控显界面显示红光带。

(7)“CTC 显示”:核对该异物侵限关联设计的全部轨道区段 CTC 控显界面显示红光带。

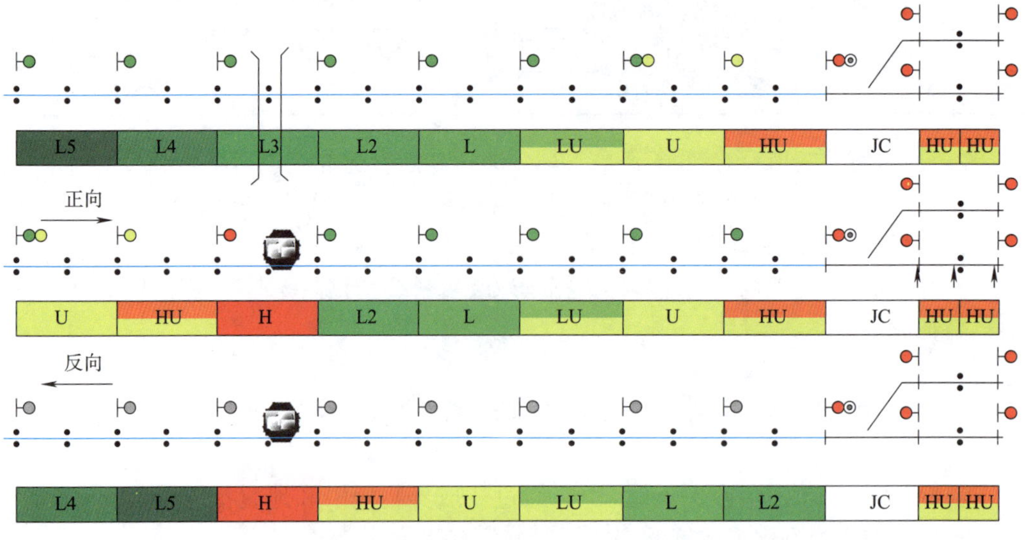

图 2-37 异物侵限防护处理码序示意

4.“异物侵限复原”：指异物对线路造成的侵限已恢复，且确认良好。

(1)“对应异物继电器吸起”：核对该异物侵限继电器是否为吸起状态。

(2)“对应轨道继电器吸起”：核对该异物侵限关联设计的全部轨道区段 GJ 是否为吸起状态。

(3)“对应区段发码正常”：核对该异物侵限关联设计的全部轨道区段是否低频正常发码。

(4)“联锁显示”：核对该异物侵限关联设计的全部轨道区段联锁控显界面显示正常空闲状态。

(5)“CTC 显示”：核对该异物侵限关联设计的全部轨道区段 CTC 控显界面显示正常空闲状态。

二、地震灾害接口测试

(一)测试记录表格

地震灾害接口测试使用的试验表格，参照表 2-39 所示。

表 2-39　地震灾害接口测试记录表

序号	区段名称	地震灾害继电器落下（灾害发生）					地震灾害继电器吸起（无灾害发生）	备注
		所有区段发 29 Hz 低频码	轨道继电器 GJ 正常	区间红光带	相邻中继站码序追踪	站内显示正常	设备、码序、显示正常	
1	2	3	4	5	6	7	8	9

(二)表格填写说明及试验方法

1.“区段名称”：按顺序填写轨道名称，如 0010AG、0020BG、1DG、3G。

2.“地震灾害继电器落下(灾害发生)”：指地震灾害发生，地震灾害防护系统启动。

(1)“所有区段发 29 Hz 低频码”：核对列控中心管内全部轨道区段是否低频发 H 码(29 Hz)。

(2)“轨道继电器 GJ 正常”：核对列控中心管内全部轨道区段 GJ 是否为正常吸起状态。

(3)“区间红光带”：核对列控中心管内区间全部轨道区段联锁控显界面应显示红光带。

(4)“相邻中继站码序追踪”：核对相邻中继站列控中心区间全部轨道区段低频是否按本站列控中心发码情况追踪码序发码。

(5)“站内显示正常”：核对列控中心管内站内全部轨道区段联锁控显界面显示正常空闲状态。

3.“地震灾害继电器吸起(无灾害发生)”：指地震灾害未发生，地震灾害防护系统未启动。

“设备、码序、显示正常”：核对列控中心管内区间、站内全部轨道区段 GJ 是否为吸起状态、是否低频正常发码、联锁控显界面显示正常空闲状态。

第九节　ATO 功能与站台门防护

ATO 自动驾驶是在 CTCS-2/3 级列控系统的基础上，车载设置 ATO 单元实现自动驾驶控制，地面设置专用精确定位应答器实现精确定位，地面设备通过 GPRS 通信实现站台门（安全门或屏蔽门，以下简称站台门）控制、站间数据发送和列车运行调整计划处理。

其中列控中心设备在既有功能的基础上，通过与 TSRS 通信接口和站台门系统继电接口，实现车门/站台门联动控制、站台门状态采集和站台门防护等功能。

一、站台门状态一致性测试

（一）测试记录表格

站台门状态一致性测试使用的试验表格，参照表 2-40 所示。

表 2-40　站台门状态一致性测试记录表

股道名称	临时限速向 TCC 发送站台门控制命令														TCC 接收站台门系统发送的门状态命令						备注
	开门命令核对		关门命令核对		车型编组命令核对										门锁闭状态核对		门旁路状态核对		门报警状态核对		
	TCC侧 KMJ	站台门系统侧 KMJF	TCC侧 GMJ	站台门系统侧 GMJF	TCC侧 CXZ8J	站台门系统侧 CXZ8JF	TCC侧 CXF8J	站台门系统侧 CXF8JF	TCC侧 CXZ16J	站台门系统侧 CXZ16JF	TCC侧 CXF16J	站台门系统侧 CXF16JF	TCC侧 CX17J	站台门系统侧 CX17JF	站台门系统侧 MSB1J/MSB2J	TCC侧 MSB1JF/MSB2JF	站台门系统侧 MPLJ	TCC侧 MPLJF	站台门系统侧 MBJ	TCC侧 MBJF	
1	2	3	4	5	6	7	8	9	10	11	12	13	14	15	16	17	18	19	20	21	22

（二）表格填写说明及试验方法

1.“股道名称”：填写站内设置站台门的股道名称，如 3G、4G。

2.“临时限速向 TCC 发送站台门控制命令”：

（1）“开门命令核对”：核对 TCC 驱动的 KMJ 与站台门系统侧复示继电器状态一致性。TCC 侧设置的开门继电器（KMJ），常态落下，当接收到 TSRS 发送的站台门开门命令后，驱动 KMJ 控制相应站台门动作（见图 2-38）。TCC 对其驱动的 GMJ 进行前接点采集。

（2）“关门命令核对”：核对 TCC 驱动的 GMJ 与站台门系统侧复示继电器状态一致性。TCC 侧设置的关门继电器（GMJ），常态落下。当接收到 TSRS 发送的站台门关门命令后，驱动 GMJ 控制相应站台门动作（见图 2-38）。TCC 对其驱动的 KMJ 进行前接点采集。

（3）“车型编组命令核对”：核对 TCC 驱动的车型继电器与站台门系统侧复示继电器状态一致性。TCC 侧设置的车型继电器（8 编组正向车型继电器 CXZ8J、8 编组反向车型继电器 CXF8J、16 编组正向车型继电器 CXZ16J、16 编组反向车型继电器 CXF16J、17 编组车型继电器 CX17J），常态落下，当接收到 TSRS 发送的站台门控制命令后，驱动车型继电器控制相应站台门动作（见图 2-38）。TCC 对其驱动的车型继电器进行前接点采集。

站台门系统根据相关继电器状态控制站台门开/关动作。若 KMJF、GMJF 同时吸起或落下，或 KMJF 吸起且有 2 个或 2 个以上的车型继电器同时吸起时，站台门应保持不动作。站台门系统采集到有效的开门命令时，6 s 内控制站台门开始动作（MSB1J、MSB2J 均落下）；站台门系统采集到有效的关门命令时，20 s 内控制站台门关闭到位（MSB1J、MSB2J 吸起）。

3.“TCC 接收站台门系统发送的门状态命令”：

(1)“门锁闭状态核对”：核对站台门系统驱动的 MSBJ 与 TCC 复示继电器状态一致性。站台门系统侧为每侧站台门设置两个独立的门锁闭继电器(MSB1J、MSB2J)用于表示站台门的锁闭状态，两个继电器采用不同径路双通道双独立电源方式驱动，常态吸起(见图 2-38)。TCC 对站台门系统的提供的门锁闭复示继电器(MSB1JF、MSB2JF)进行前、后接点采集。TCC 按采集门锁闭复示继电器状态进行逻辑处理(见表 2-41)。

表 2-41　门锁闭信息逻辑处理表

继电器名称	MSB1JF	MSB2JF	逻辑处理方式
继电器接点状态	落下	落下	本侧站台门(一扇或多扇)打开或关闭但没有锁闭到位
	落下	吸起	本侧站台门所有门都关闭且锁闭到位或站台门处于旁路状态
	吸起	落下	
	吸起	吸起	

(2)“门旁路状态核对”：核对站台门系统驱动的 MPLJ 与 TCC 复示继电器状态一致性。站台门系统侧设置门旁路继电器(MPLJ)用于表示站台门的控制是否与 TCC 隔离，常态落下(见图 2-38)。TCC 对站台门系统提供的门旁路复示继电器(MPLJF)进行前接点采集。

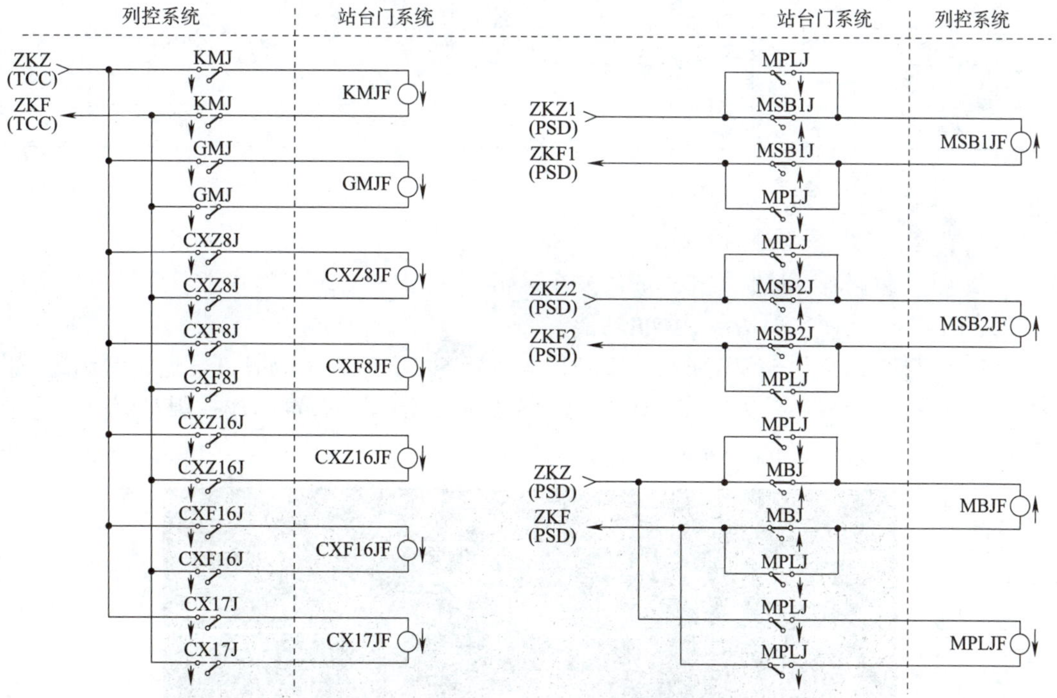

图 2-38　列控系统与站台门系统结合电路示意

①当 MPLJ 落下时，表示站台门受 KMJF、GMJF、CXZ8JF、CXF8JF、CXZ16JF、CXF16JF、CX17JF 动作控制，即受 TCC 控制。

②当 MPLJ 吸起时，表示站台门系统和 TCC 隔离，由站台门系统独立控制或人工控制。

③当 MPLJ 吸起后，站台门系统应控制 TCC 侧相应的 MBJF、MSB1JF、MSB2JF 吸起，站台门系统应提供警示信息。

(3)“门报警状态核对”：核对站台门系统驱动的 MSBJ 与 TCC 复示继电器状态一致性。站台门系统侧设置门报警继电器(MBJ)用于表示站台门在没有输入有效的开门命令时，站台门处于打开或未锁闭状态，给出门报警信息，常态吸起(见图 2-38)。TCC 对站台门系统提供的门报警复示继电器(MBJF)进行前接点采集。

①当 MBJ 吸起时，站台门处于正常状态或门旁路状态。

②当 MBJ 落下时，表示站台门处于异常状态，站台门侧保证 TCC 门锁闭复示继电器(MSB1JF、MSB2JF)落下。

二、列控中心 ATO 功能测试

(一)测试记录表格

列控中心 ATO 功能测试使用的试验表格，参照表 2-42 所示。

表 2-42　列控中心 ATO 功能测试记录表

股道名称	ATO 编码逻辑控制			站台门状态图形显示			有源应答器报文无 ETCS-5 应答器链接信息包		备注
	股道正常发码	股道发 HU 码	股道发 H 码	关门	开门	异常(无状态)	X 行方向出站应答器组处有源应答器	S 行方向出站应答器组处有源应答器	
1	2	3	4	5	6	7	8	9	10

(二)表格填写说明及试验方法

1.“股道名称”：填写站内股道的名称，如 3G、4G。

2.“ATO 编码逻辑控制”：排列股道发车进路，列控中心对站台门状态对应继电器实施连续、实时监测，从而实现站台门防护功能。

(1)当 TCC 采集到 MSB1JF 和 MSB2JF 均吸起时，应控制对应股道发送正常码序(如图 2-39 中 3G 所示)；当采集到 MSB1JF 或 MSB2JF 只有一个吸起时，应控制对应股道发送正常码序(如图 2-39 中 4G 所示)。

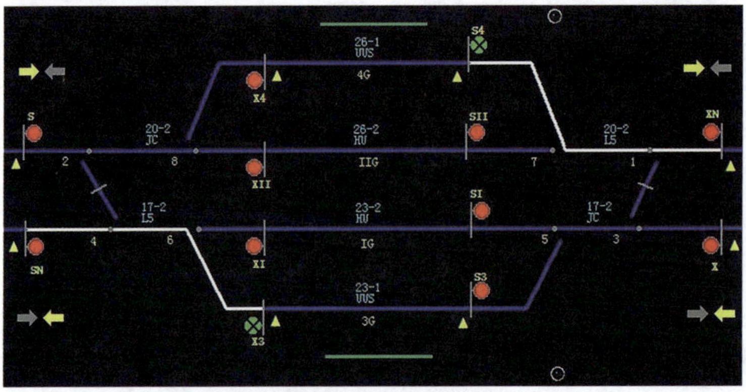

图 2-39　ATO 编码逻辑控制示意(正常码序)

(2)TCC 向站台门系统输出开门命令(接收到 TSRS 发送的站台门开门命令),当 TCC 采集到 MSB1JF 和 MSB2JF 均无状态或一个无状态另一个落下时,应控制对应股道发送 HU 码(26.8 Hz)(如图 2-40 中 3G 所示);当 TCC 采集到 MSB1JF 和 MSB2JF 均落下时,应控制对应股道发送 HU 码(26.8 Hz)(如图 2-40 中 4G 所示)。

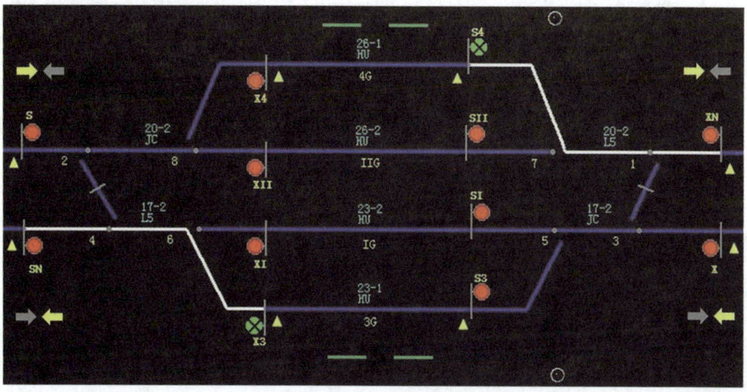

图 2-40 ATO 编码逻辑控制示意(HU 码)

(3)TCC 未向站台门系统输出开门命令(未接收到 TSRS 发送的站台门开门命令),当 TCC 采集到 MSB1JF 和 MSB2JF 均无状态或一个无状态另一个落下时,应控制对应股道发送 H 码(29 Hz)(如图 2-41 中 3G 所示);当 TCC 采集到 MSB1JF 和 MSB2JF 均落下时,应控制对应股道发送 H 码(29 Hz)(如图 2-41 中 4G 所示)。同时向 CTC 车站设备、CSM 发送门防护报警信息。

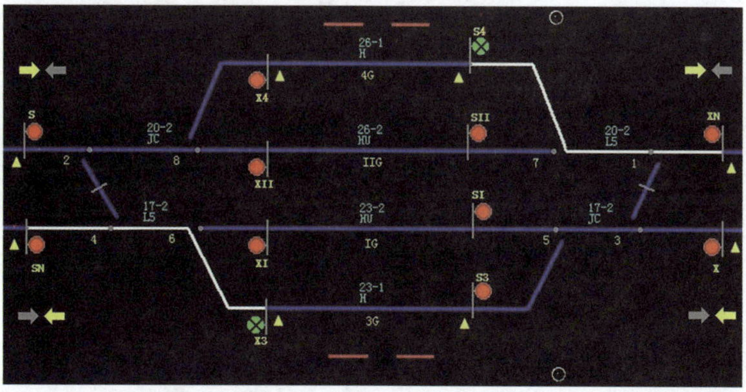

图 2-41 ATO 编码逻辑控制示意(H 码)

3.“站台门状态图形显示”:核对列控中心维修机站台门状态显示。

(1)当股道发送正常码序时,对应股道站台门应显示“关门”状态(见图 2-39);

(2)当股道发送 HU 码时,对应股道站台门应显示“开门”状态(见图 2-40);

(3)当股道发送 H 码时,对应股道站台门应显示“异常(无状态)”状态(见图 2-41)。

4.“有源应答器报文无 ETCS-5 应答器链接信息包”:核对接车进路反向出站信号机处的有源应答器组内,有源应答器报文中不发送 ETCS-5 应答器链接信息包。

具备 ATO 功能的车站股道应设置专用的精确定位应答器组【JD】,用于实现列车精确定位，同时提供站台侧和停车位置信息，对于设置站台门的股道，停车定位基准点为动车组停车股道接车方向第一个站台门门中心位置；对于未设置站台门的股道，停车定位基准点按照停车标设置位置折算股道接车方向第一个站台门门中心位置。

(1)进站应答器组(BX)中有源应答器发送 ETCS-5 应答器链接信息包，链接反向出站应答器组(BS3)、精确定位应答器组(BJD3)和正向出站应答器组(BX3)(如图 2-42 中①所示)。

(2)反向出站应答器组(BS3)中无源应答器发送 ETCS-5 应答器链接信息包(有源应答器中的预告报文不应再发送 ETCS-5 应答器链接信息包)，反向出站应答器组链接精确定位应答器组(BJD3)和正向出站应答器组(BX3)(如图 2-42 中②所示)。

(3)股道中间精确定位应答器组(BJD3)无源应答器发送应答器链接信息包，正向链接精确定位应答器组(BJD4、BJD5)和正向出站应答器组(BX3)，反向链接精确定位应答器组(BJD1、BJD2)和反向出站应答器组(BS3)(如图 2-42 中③所示)。

(4)精确定位应答器组 BJD1、BJD2、BJD4、BJD5 中不发送 ETCS-5 应答器链接信息包。

(5)反向应答器链接原则和正向一致。

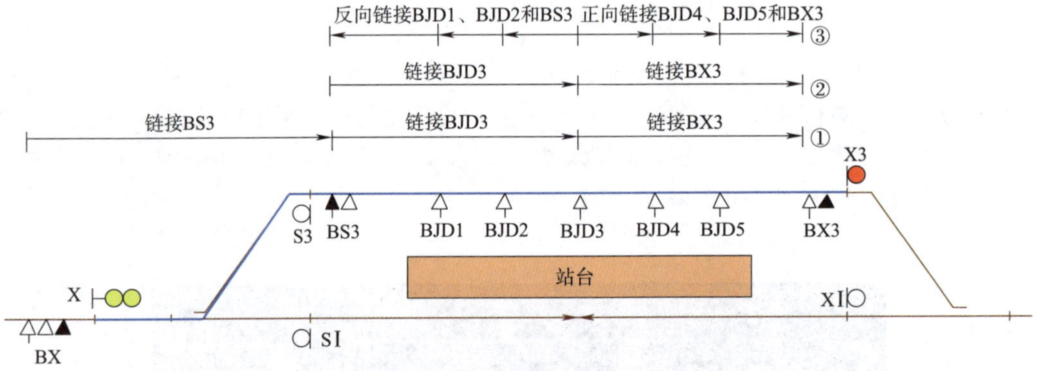

图 2-42　ATO 应答器相关链接原则示意

第三章　列控中心及相关设备维护

列控中心设备的维护工作必须严格执行电务安全生产规章制度，维护人员必须熟悉掌握技术标准、操作规程、相关安全知识、专业理论及实作技能，并认真落实标准化作业流程，确保列控设备的安全可靠运用。

第一节　列控中心维护

一、日常维护内容

1. 各子系统机柜、机箱风扇运转正常，通风良好；系统内安装的 UPS 电源风扇运转正常，面板指示灯显示正常(见图 3-1)。

图 3-1　机柜风扇、主机板卡指示灯

2. 各子系统Ⅰ、Ⅱ系同步，不脱机，模块、I/O 板件、光端机、交换机、路由器、协议转换器等设备工作正常，指示灯显示正确(见图 3-2)。

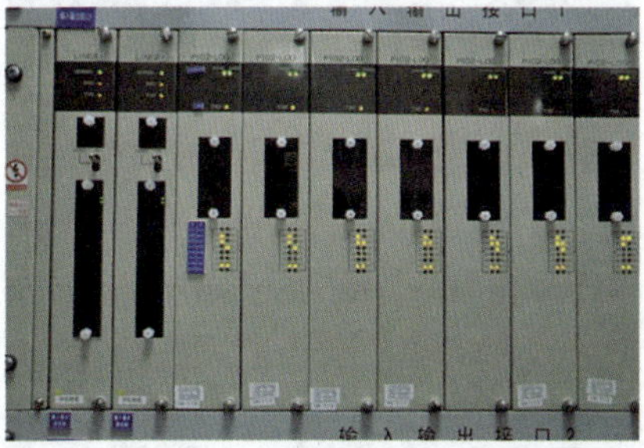

图 3-2　ET 机笼机通信板卡指示灯

3. LEU 面板指示灯显示正确，“C”接口工作正常，正常配置端口有输出，冗余切换单元工作正常(见图 3-3)。

4. 通过维护终端查看 TCC、CTC、ZPW-2000、LEU、CBI、CSM 等关联设备间相互通信正常，本站 TCC 与其他 TCC 通信正常(见图 3-4)。

图 3-3　LEU 指示灯及冗余切换继电器

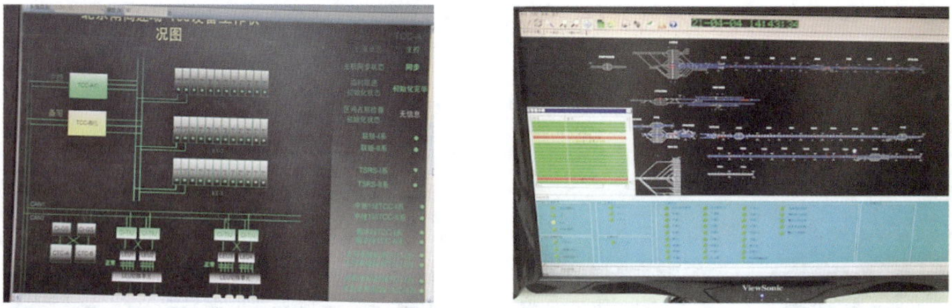

图 3-4　通信连接及初始化界面

5. 系统配备的 UPS 工作正常，电池性能良好。
6. 电源适配器及电缆、电线、接地线连接、插接良好，无异状（见图 3-5）。

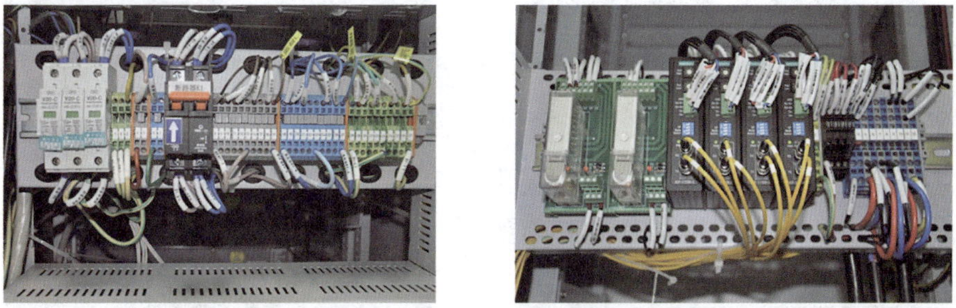

图 3-5　机柜内线缆连接

7. 系统防雷单元正常，无劣化指示（见图 3-6）。

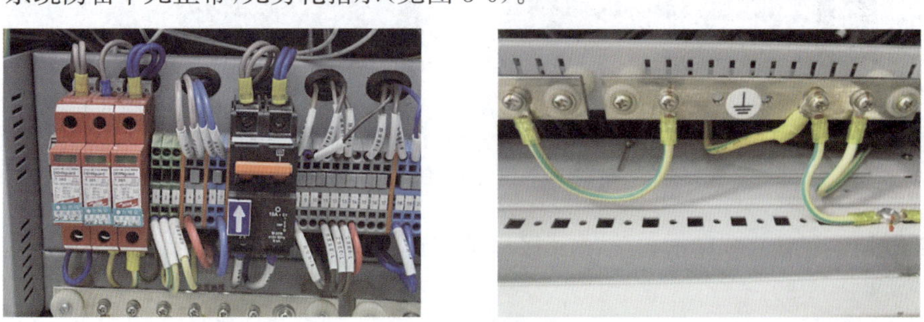

图 3-6　防雷设备

以上项目,有人值守站每日完成 1 次,无人值守站和区间中继站每月完成 1 次。

二、集中检修内容

1. 机柜安装螺丝紧固、不松动,柜内模块、板件、网络设备、电源适配器、断路器(熔断器)等安装、插接牢固,防护措施良好(见图 3-7)。

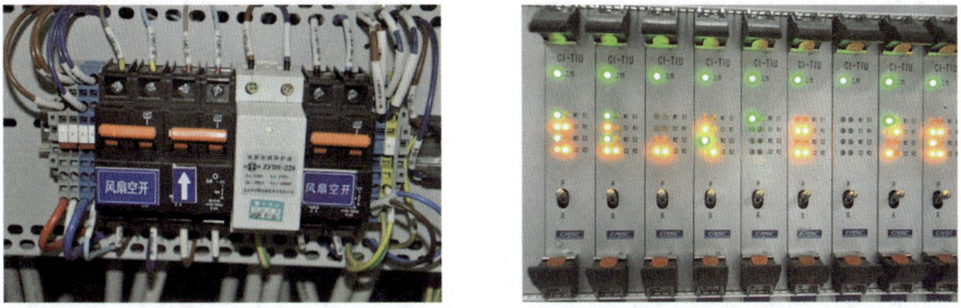

图 3-7　断路器及板卡安装

2. 接线端子紧固、不松动,电缆、电线焊接、插接及接地、等电位连接牢固,防雷单元正常、无异状。

3. 设备配线无异常、不老化,绑扎、防护措施良好。

4. 机柜、终端及设备、器材,UPS、工控机防尘过滤网、风扇清洁干净,无粉尘。

5. 系统光纤弯曲符合标准,光纤遮光防护措施良好。

6. 按周期更换到寿命期或轮修期设备、器材及状态不良器材。

7. 各子系统Ⅰ、Ⅱ系自动、手动切换试验正常,双系同步(每半年 1 次),模块、I/O 板件、LEU、光端设备、交换机、路由器、协议转换器、风扇等设备工作正常,指示灯显示正确。

8. LEU 端口输出正常,冗余切换试验正常。

9. 子系统配备的 UPS 主、备切换试验正常,电池性能良好。

10. 通过维护终端查看 TCC、CTC、ZPW-2000、LEU、CBI、CSM 等关联设备间相互通信正常,本站 TCC 与其他 TCC 通信正常。

11. 终端记录及回放验证,硬盘空间检测正常。

12. 站场图及限速信息显示正确。

13. 各子系统与其他系统之间通道接口冗余测试正常。

14. 机柜内 UPS 放电时间测试正常。

15. 检查机柜地网连接状态良好,接地电阻不大于 1 Ω。

以上项目每年完成 1 次。

三、检修维护操作注意事项

在对列控中心进行检修、维护时,为防止对列控中心造成损害,需注意以下几点:

1. 操作人员在对列控中心主机单元和 PIO 单元进行操作之前,必须佩戴防静电手环(见图 3-8),并确认防静电手环与机柜的连接可靠。一般在机柜的前方和后方都设置 3 个防静电手环连接点,可以满足 2～3 人同时对设备进行操作。禁止不带防静电手环对其进行操作。

2. 在操作列控主机单元时，同时只能对单系进行操作。

3. IC 卡对静电敏感，不要用手触摸 IC 卡的端子部分，否则将有可能造成 IC 卡损坏。

4. 备品及更换的硬件单元，需放入抗静电袋内(见图 3-9)，否则可能造成硬件单元的静电损坏。

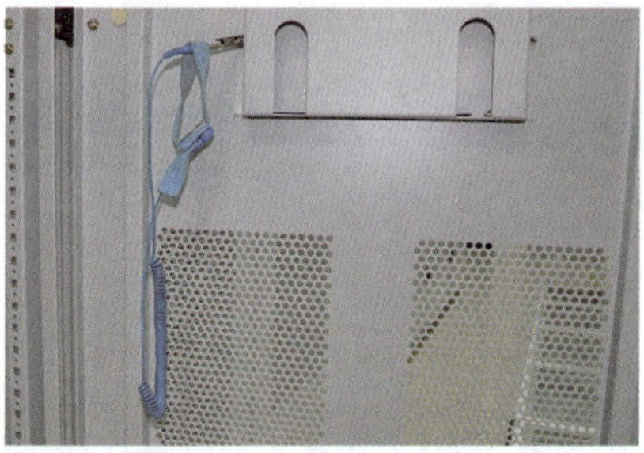

图 3-8 防静电手环

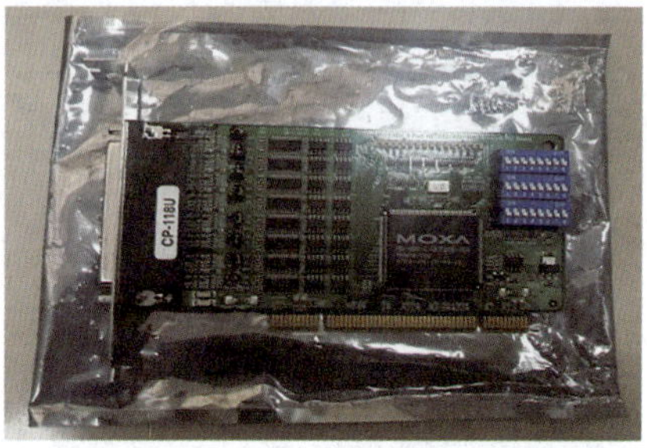

图 3-9 放入抗静电袋的备件

5. 测试 LEU 与应答器连接电缆时，应拔下 LEU 的输出插头，同时在有源应答器电缆盒处断开应答器电缆后方可进行电缆的测试和遥测。

6. 关闭列控中心时可能造成主发送器功放电路损坏，致使断路器跳闸且无法恢复。为了避免现场出现类似故障，在维护列控中心或通信盘设备时，需注意以下事项：

(1)在维护列控中心或通信盘前，应先断开列控中心所辖全部轨道电路区段的主发送器电源。

(2)维护完成后，先启动列控中心或通信盘设备，待其工作稳定后，再闭合轨道电路主发送器电源。

7. 列控中心接入信号安全数据网的交换机为低压设备(见图 3-10)。为了防止高压损坏内部工作电路，交换机接口采用防浪涌的保护电路，内含压敏电阻保护元件，在不断开交换机电源的情况下，现场兆欧表(摇表)产生的 DC 500 V 电压远远超过了交换机所能承受的门限值，测试电源回路对机壳的绝缘电阻值很小或者几乎为零，不仅造成交换机对地导通，还会对交换机设备造成不可逆的物理伤害。为避免出现类似问题，在维护前述交换机设备时，必须遵循如下限制条件：

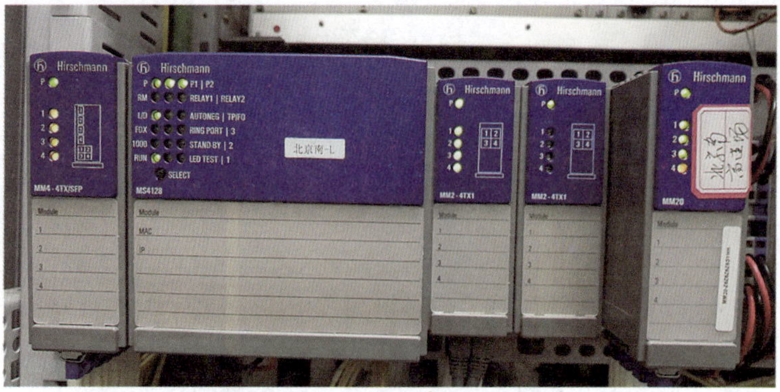

图 3-10 接入信号安全数据网的交换机

（1）严禁现场维护人员使用信号集中监测或兆欧表（摇表）对其进行对地绝缘特性测量，测量电源屏与交换机之间电缆对地绝缘特性时，必须断开交换机断路器。

（2）断开交换机 24 V 电源断路器后，使用万用表欧姆挡，分别测量交换机双路电源的 V+、V－对交换机接地端子的电阻值，如果测量值＞1 MΩ，则表示测试通过，反之则存在问题。

第二节 应答器、远程 LEU 维护

一、日常维护内容

1. 有源应答器接线盒检查：

（1）箱盒基础完好不倾斜，箱盒无裂纹、不破损，设备代号清晰、正确，硬面化完好、清洁。

（2）箱盒盖盘根作用良好，配线整齐，螺母垫片齐全、紧固，电缆去向铭牌齐全、清楚。

（3）箱盒内部清扫。

2. 有源应答器尾缆检查：

（1）尾缆固定良好，卡具齐全。

（2）胶皮护管不能有穿透性损伤和明显老化。

3. 有源应答器电缆检查：有源应答器电缆全程测试（需在断开有源应答器、LEU 等设备后才能进行电缆全程测试）。

4. 应答器检查：

（1）应答器的组成完整，编号齐全（见图 3-11）。

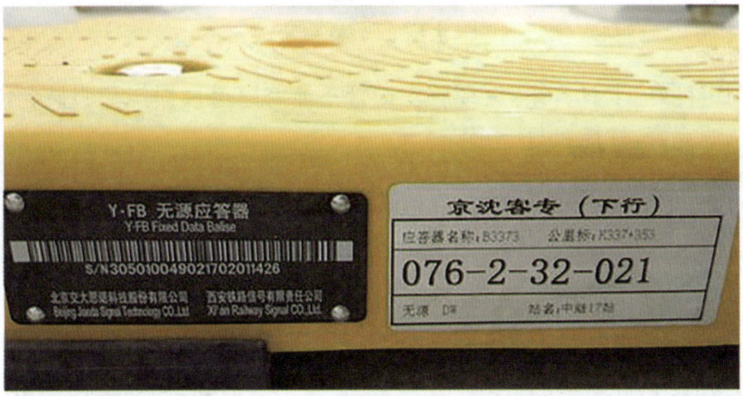

图 3-11 应答器铭牌、编号

（2）应答器本身无破损。

（3）应答器支座良好，不破损。

（4）应答器组各处安装螺丝紧固，不松动，适当注油。

5. 远程 LEU 检查：

（1）远程 LEU 柜安装稳固，无倾斜，机柜顶盖、柜门固定良好，各种标识清晰、正确。

（2）电源模块工作正常，光纤收发器工作正常。

（3）防雷模块外观良好，无劣化指示。

(4)切换单元功能良好。

(5)箱内电气端子、配线、断路器及各种器材良好,插接牢固,线缆无破损。

(6)各种模块指示灯显示正常。

二、集中检修内容

1. 有应答器接线盒检查:

(1)箱盒无裂纹、不破损、无锈蚀,油饰良好,密封良好。

(2)硬面化完好清洁,基础完好不倾斜,加锁装置良好。

(3)箱盒内铭牌齐全清楚,配线整齐、不破皮、不老化,螺丝紧固(见图 3-12)。

图 3-12　应答器箱盒

(4)尾缆固定良好,卡具齐全,尾缆胶皮护管不能有穿透性损伤和明显老化。

(5)备用芯线完好,性能良好。

2. 应答器安装状态检查:

(1)各处安装螺栓、螺丝紧固,不松动。

(2)应答器安装符合工艺要求。安装位置应满足无金属空间的环境要求,表面不能有覆盖物,如石块、金属件、粉尘等杂物(见图 3-13)。

图 3-13　应答器安装

(3)应答器安装在护轮轨处时，在应答器对应位置锯开两侧护轮轨。

(4)螺栓、螺丝等金属件无折断、裂纹，支座(架)良好、不破损，各处螺栓、螺丝及加锁装置适当注油。

3. 应答器检查：

(1)应答器编号正确。

(2)有源应答器电缆全程对地绝缘测试，断开两端设备后，对有源应答器电缆全程对地绝缘进行测试。

(3)有源应答器与 LEU 连接良好，用报文读取仪读取有源应答器报文，验证连接良好(见图 3-14)。

图 3-14　读取应答器报文

(4)金属接线盒接地线阻值不大于 1 Ω。

(5)确定接线盒加锁良好。

4. 远程 LEU 检查：

(1)设备箱外观、安装状态、固定螺丝检查。

(2)设备箱金属箱体接地线检查。

(3)检查设备箱各类进线，入口处防护措施。

(4)设备箱防潮、防水、防尘措施检查。

(5)设备箱内各设备安装状态检查，各部螺丝检查紧固。

(6)设备箱内各类线缆绑扎情况、接触状况、光纤弯曲度及遮光防护措施检查。

(7)LEU、光电转换器等设备指示灯指示检查。

(8)LEU 设备箱内防雷模块检查，防雷模块接地线连接良好。

(9)设备箱外观、基础面清扫，设备箱内各类设备表面清扫、除尘。

(10)检查远程 LEU 至有源应答器备用芯线正常。

(11)测试室内、外间备用芯线正常。

5. 远程 LEU 测试：

(1)测量设备箱地线接地电阻。

(2)测量输入电源电压，设备箱内电源模块输出电源电压。

(3)测量路基段设备箱建筑限界。

(4)测量 LEU 端口报文默认报文及列控中心报文。

三、冗余 LEU 切换注意事项

列控中心冗余 LEU 切换原理受软件及配线影响，以下分类进行说明。

1. 列控中心基础版 V1.5.3(不含)以下，机柜配线为 V4.4.0(不含)以下：

LEU1 常态输出端口为 1、2，LEU2 常态输出端口为 3、4。其余端口挂载等效电阻。

(1)关闭 LEU1 电源，切换继电器状态灯第一组灭灯，第二组亮灯。LEU2 端口 1、2、3、4 进行输出。

(2)打开 LEU1 电源，两组切换继电器状态灯亮灯。LEU 输出端口恢复至常态状态。

2. 列控中心基础版 V1.5.3(含)以上，机柜配线为 V4.4.0(不含)以下：

LEU1 常态输出端口为 1、2，LEU2 常态输出端口为 3、4。其余端口挂载等效电阻。

(1)上电启动后 40 s 内若能判断 LEU1、LEU2 均正常，两组切换继电器状态灯均亮灯。

(2)关闭 LEU1 电源，LEU2 正常时，切换继电器状态灯第一组灭灯，第二组亮灯，LEU2 端口 1、2、3、4 输出驱动负载。

(3)打开 LEU1 电源，切换继电器不动作，切换继电器状态灯第一组灭灯，第二组亮灯，LEU2 端口 1、2、3、4 驱动负载。监测维护终端 LEU1 端口 1、2 报警。

(4)同时关闭 LEU1、LEU2 电源，等待超过 30 s(或者在监测维护机界面确认 LEU1、2 均故障)后，同时重启 LEU1、2 的电源，设备恢复至常态。

(5)LEU2 关闭电源实验原理同上，监测维护终端 LEU2 报警端口为 3、4。

3. 列控中心基础版 V1.5.3(含)以上，机柜配线为 V4.4.0(含)以上：

常态输出端口为 LEU1 的 1、2、3、4 端口，LEU2 常态挂载等效电阻。

(1)上电启动后 40 s 内若能判断 LEU1、2 均正常，两组切换继电器状态灯均亮灯。

(2)关闭 LEU1 电源，LEU2 正常时，两组切换继电器状态灯灭灯，LEU2 端口 1、2、3、4 进行输出。

(3)打开 LEU1 电源，两组切换继电器不动作，状态灯灭灯，监测维护终端 LEU1 端口 1、2、3、4 报警，切换至 LEU2 端口 1、2、3、4 输出驱动负载。

(4)关闭 LEU2 电源，LEU1 正常工作时，两组切换继电器状态灯亮灯，LEU1 端口 1、2、3、4 输出驱动负载。

(5)打开 LEU2 电源，设备恢复常态。

第三节　列控中心维护终端操作

列控维护终端以工况图界面和站场图界面形式对列控中心的实时工作情况进行显示，通过历史回放功能和 MDT 曲线报表分析工具实现历史数据查询分析。

一、查询区段载频、低频显示

在系统菜单的工具栏勾选“显示载频”“显示低频”，则在站场图的区段位置上方显示出相应的载频、低频值(见图 3-15)。站场图上显示的载频、低频值，来自轨道电路设备信息的 CANC 采集接口。

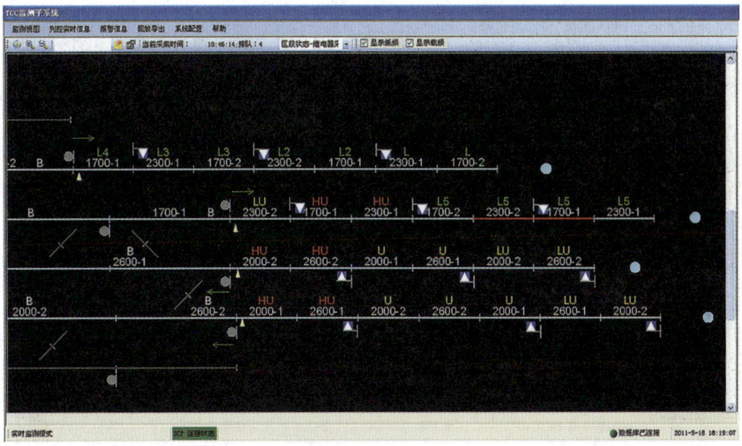

图 3-15　区段载频、低频显示界面

二、查询应答器报文

站场图中，应答器图元表示为一实心三角形符号。点击站场图中的应答器图元，则弹出当前该应答器端口报文的解析窗口（见图 3-16）。

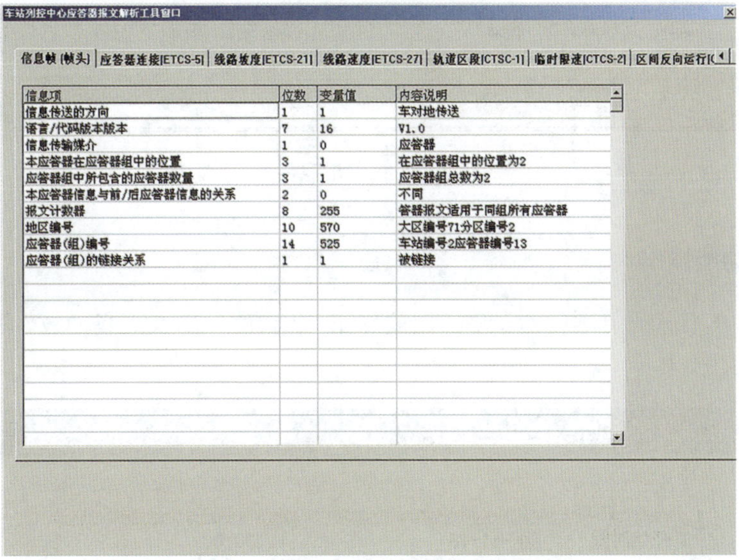

图 3-16　应答器报文的解析窗口

三、边界区段信息显示

可以通过站场图→列控实时信息→线路边界信息，打开“边界信息”窗口对信息进行查询，图 3-17 中显示的为线路序号 1 和线路序号 2 的两条边界状态为占用的信息。

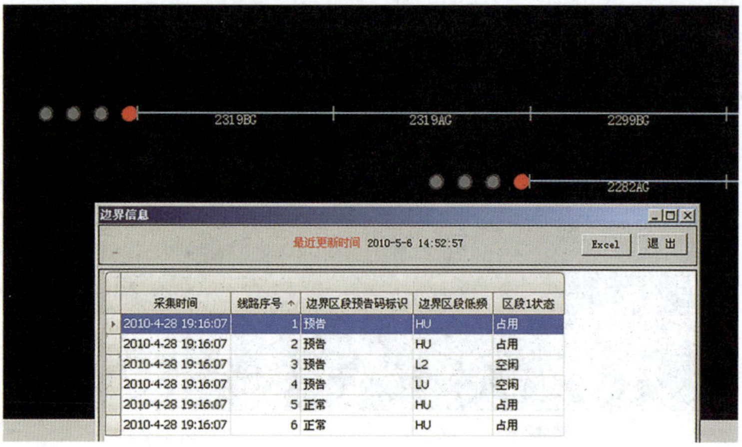

图 3-17　边界区段信息显示界面

四、报警功能操作

通过点击顶端菜单→报警信息便可打开“报警窗口”，当出现新报警时报警窗口会自动弹出（见图 3-18）。

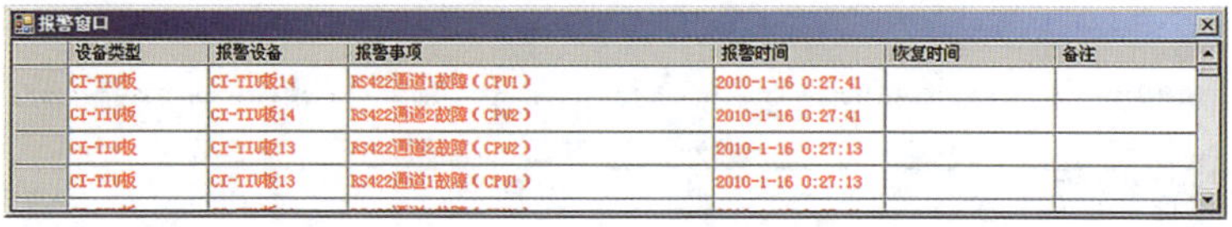

图 3-18　报警信息界面

五、回放功能操作

在站场图或工况图中，点击菜单栏“回放导出”，则有“导出及现场回放”界面弹出（见图 3-19）。

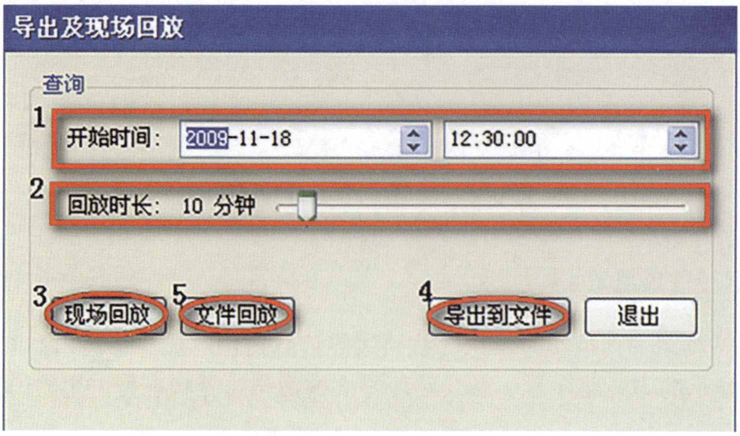

图 3-19　导出及现场回放界面

1. 开始时间:设置回放(或者导出)的开始时间点。

2. 回放时长:通过拖动游标选择回放的时间长度,范围是 0～180 min。

3. 现场回放:设置好想要回放的时间,点击"现场回放"按钮。

如所选择的时间段有数据,则弹出如图 3-20 所示的"回放控制菜单"。

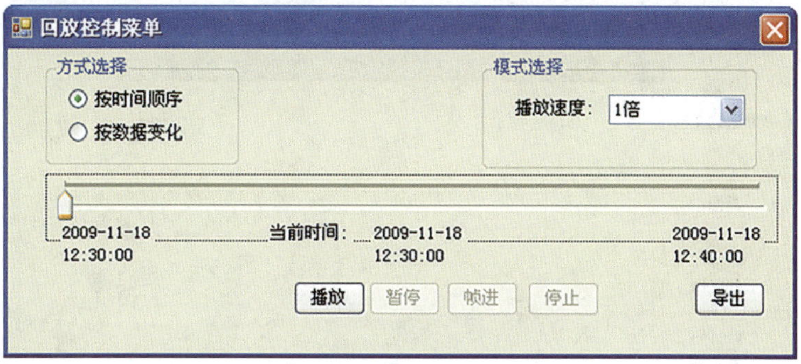

图 3-20 回放控制菜单

而且,在列控监测子系统界面左下角的状态提示会从"实时监测模式"切换到"现场回放模式",回放过程支持"按时间顺序"和"按数据变化"模式控制进度,支持播放速度控制和暂停等功能。如选择的时间段无数据,则会给出提示。

4. 导出到文件:本功能可将用户所设置的时间段内的数据保存起来,点击"导出到文件"按钮,则弹出"浏览文件夹"菜单,选择想要用来保存数据的目录,点击"确定"按钮,即可完成数据导出,如图 3-21 所示为文件导出界面。

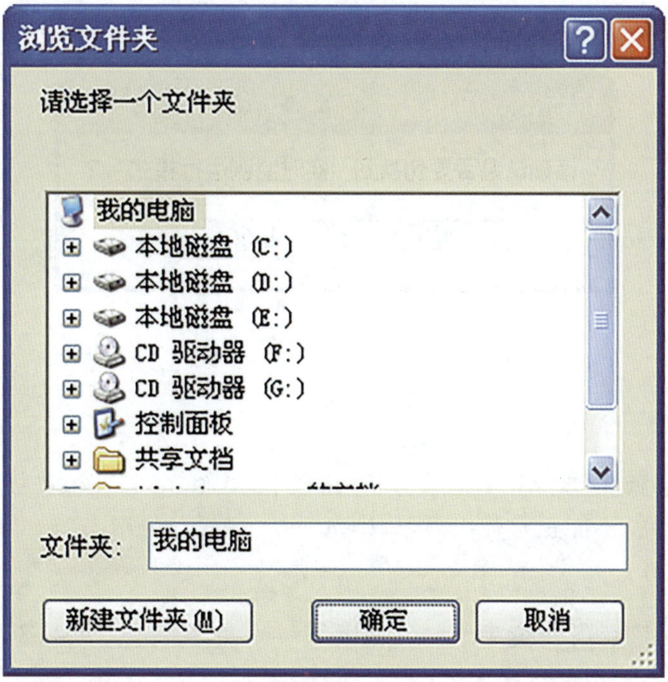

图 3-21 文件导出界面

5. 文件回放:文件回放功能是播放保存的文件,点击“文件回放”按钮,弹出回放控制菜单(注意与“现场回放”中菜单的不同)→点击“打开”按钮,通过文件浏览窗口选择回放数据文件(见图 3-22)。

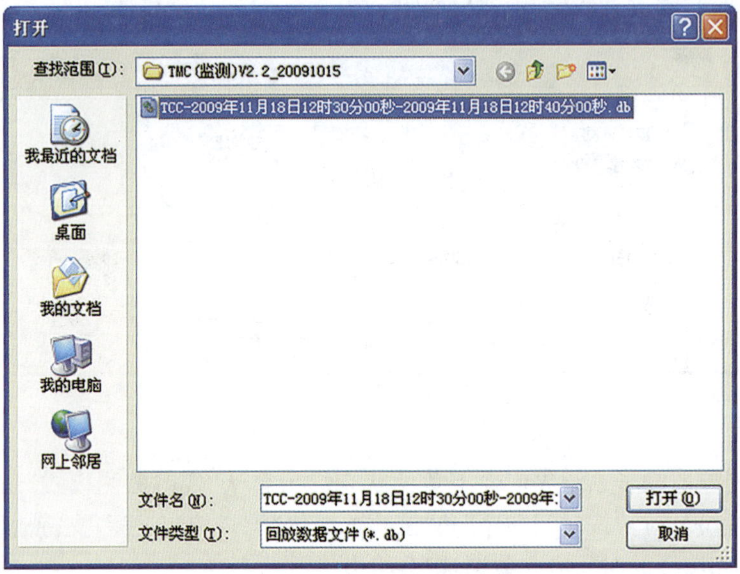

图 3-22　文件回放打开界面

再次点击“打开”按钮,确认打开所选择的文件,即可进行文件回放。

6. 退出回放模式:点击列控监测子系统界面左下角的黄色区域的“现场回放模式”或者“文件回放模式”提示,则会弹出运行模式切换,点击“是”,即可退出回放模式(见图 3-23)。

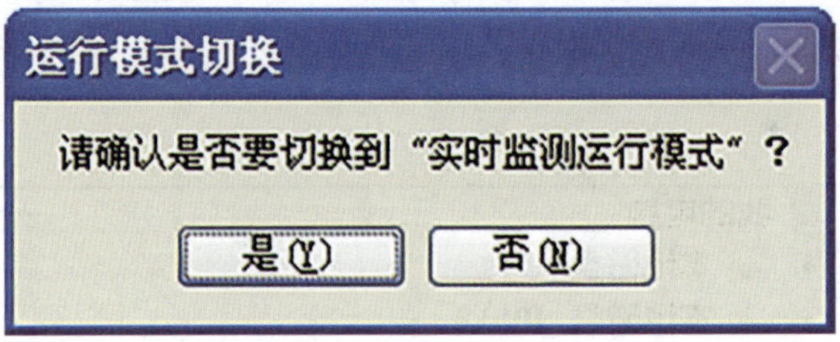

图 3-23　退出回放模式界面

六、MDT 数据下载

1. 在“我的电脑/D 盘/MDT 曲线分析”路径下(见图 3-24),双击“MDT. exe”图标(若双击“MDT. exe”后,不能正常弹出窗口,则执行如下操作:先双击“reg. bat”图标,再双击“MDT. exe”图标)。

图 3-24　MDT 数据导出路径

2. 双击“MDT. exe”图标后，会弹出如图 3-25 所示窗口，点击“连接数据库”。

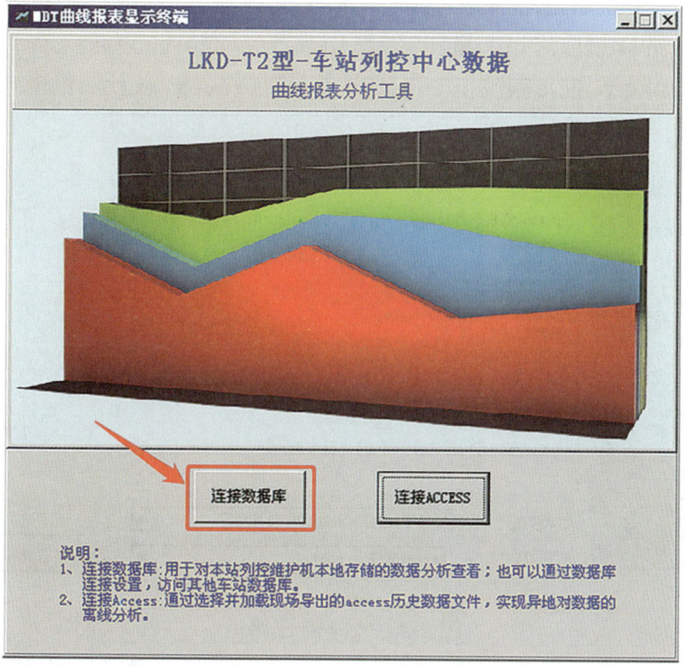

图 3-25　数据库连接界面

3. 点击“连接数据库”后，会弹出如图 3-26 所示窗口，在菜单栏中选择“导出数据”，在出现的下拉菜单中点击“导出到 Access”。

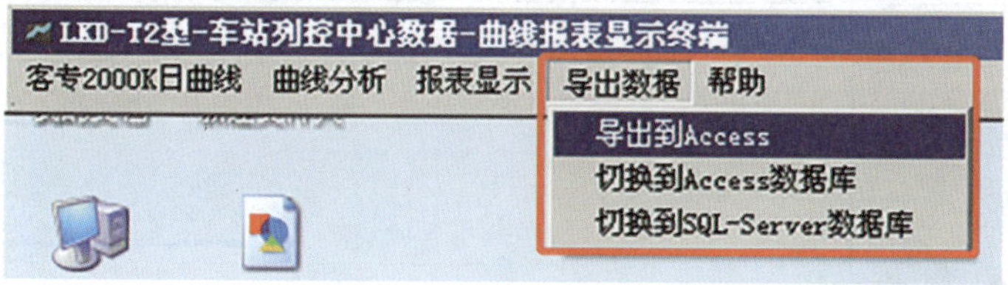

图 3-26　数据导出界面

4. 点击“导出到 Access”后，会弹出如图 3-27 所示窗口，根据故障日期，选择“开始时间”与“结束时间”，选定后点击“导出到 Access”。

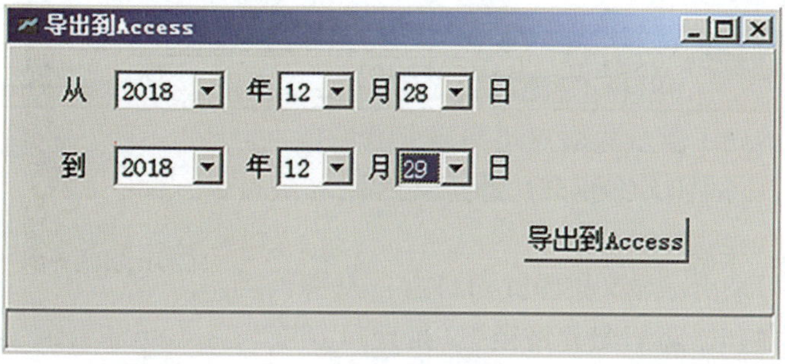

图 3-27　导出数据至 Access

5. 点击“导出到 Access”后，会弹出如图 3-28 所示窗口，选择想要用来保存数据的目录，并点击“打开”按钮。

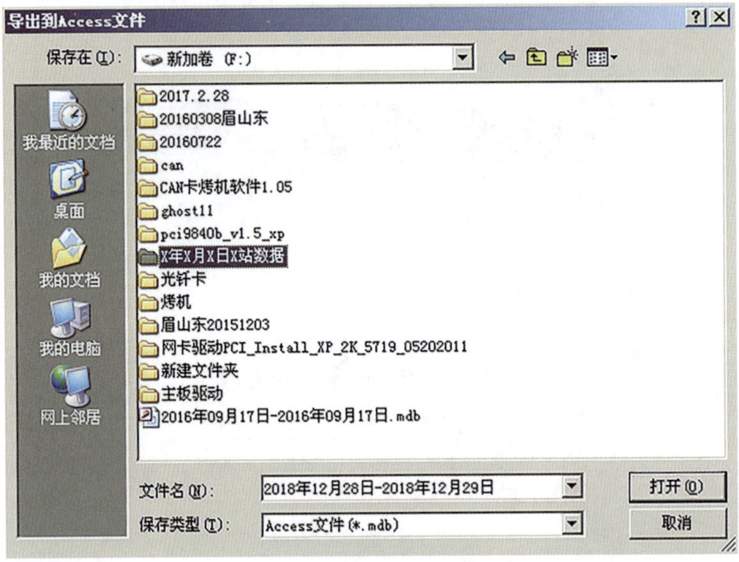

图 3-28 数据导出路径

6. 点击“打开”按钮后，会弹出如图 3-29 所示窗口，点击“保存”，至此，MDT 数据保存完毕。

图 3-29 MDT 数据导出路径

七、CANC 数据下载

1. 在“我的电脑/E 盘/CAN”路径下，找到“CANC_××××-××-××-××.dat”的文件，其中“××××-××-××-××”是指“年-月-日-时”。

2. 复制故障时刻的 CANC 数据，选择存储路径，粘贴即完成数据下载。

八、8K 区数据下载

1. 在“我的电脑/D 盘/转发服务器/8K 区”路径下，找到类似于“××站 Y 系××××-××-××-××. dat”的文件。其中，Y 分别取值为 1 和 2，$Y=1$ 代表列控中心Ⅰ系的 8K 数据；$Y=2$ 代表列控中心Ⅱ系的 8K 数据，Ⅰ、Ⅱ系的数据均要复制。

2. 复制故障时刻相关的 8K 数据，进入用来保存数据的目录文件夹下，粘贴即完成数据下载。

第四节　报文读写工具使用方法

一、功能介绍

报文读写工具是实现应答器读写及 LEU 读写的设备，其具体功能如下：

1. 实现 LKY2-TH 型大容量应答器的读取应答器报文、读取生产信息、读取应答器报文存储器、写入应答器报文、改写应答器报文以及校验应答器报文等功能；

2. 实现 LKY-T1 型欧标应答器 E 版本、F 版本的读取应答器报文、读取生产信息、读取应答器报文存储器、写入应答器报文、改写应答器报文以及校验应答器报文等功能；

3. 实现 TDY 型欧标应答器的读取应答器报文、读取生产信息、写入应答器报文、改写应答器报文以及校验应答器报文等功能；

4. 实现其他各种型号大容量应答器及欧标应答器的读取应答器报文功能；

5. 实现 LKY・LEU-T1 型地面电子单元的读取维护信息、擦除维护信息、写入 LEU 报文、模拟 TCC 发送报文、读取 LEU C 接口报文及设置 LEU 时钟等功能；

6. 实现其他各型号地面电子单位读取 C 接口报文的功能。

二、系统组成

1. 报文读写工具包含手提箱、手持操作终端、应答器读写盒、LEU 读写盒、LEU 连接线等(见图 3-30)。

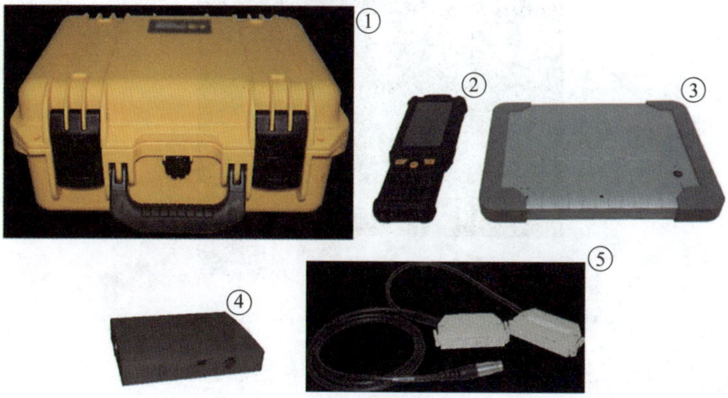

图 3-30　报文读写工具

①手提箱：用于装载全套报文读写工具，进行应答器读写时，可以直接将手提箱放置于应答器之上，通过手持终端进行操作。

②手持操作终端：供操作人员使用，以无线方式连接应答器读写盒或 LEU 读写盒，通过触屏或键盘两种方式完成应答器及 LEU 的操作，并将操作过程和结果显示在屏幕上。

③应答器读写盒：执行应答器各项操作时放置于应答器上方，通过无线方式接收手持 PDA 的命令，完成对应答器的操作。

④LEU 读写盒：执行 LEU 各项操作时通过 LEU 连接线连接到 LEU 上，通过无线方式接收手持 PDA 的命令，完成对 LEU 的操作。

⑤LEU 连接线：用于连接 LEU 与 LEU 读写盒的线缆。

2. 系统操作方式：使用人员通过手持操作终端用户界面完成各种操作功能。

3. 操作人员要求：操作人员应了解应答器及 LEU 的基本知识，掌握 LKY・LEU-T1 型地面电子单元的 S 接口及 C 接口的连接方法。

三、手持操作终端操作界面介绍

BEPT 读写工具手持 PDA 采用 Android 操作系统，操作界面分为应答器操作和 LEU 操作两大部分。

1. 初始界面(见图 3-31)。

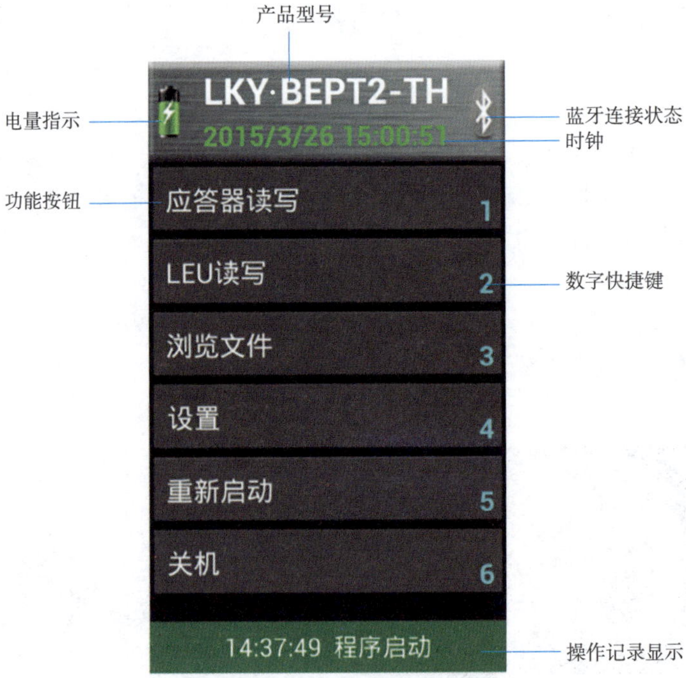

图 3-31 读写工具初始界面

(1)界面介绍

读写工具启动后进入功能选择界面，可以选择应答器读写、LEU 读写、浏览文件、设置、重新启动或者关机操作。

选择“应答器”或按数字“1”键，可进入应答器读写操作界面。

选择“LEU”或按数字“2”键，可进入 LEU 读写操作界面。

选择“浏览文件”或按数字“3”键，可浏览本机上的 LOG 文件及报文文件的内容。

选择“设置”或按数字“4”键，可对手持终端的亮度、时钟、音量等参数进行设置。

选择“重新启动”或按数字“5”键，可重新启动手持终端。

选择“关机”或按数字“6”键，可关闭手持终端。

(2)界面元素说明

①产品名称

本产品为 LKY·BEPT2-TH 型应答器报文读写工具。

②电量指示

电量指示体现手持终端自身电池电量情况，根据电量的不同以及是否在充电会有不同的图标予以指示(见图 3-32)。

图 3-32 电池电量状态示意

③蓝牙连接状态

蓝牙状态表明蓝牙是否已连接上读写盒，“蓝色”表示蓝牙连接成功；“灰色”表示蓝牙连接失败(见图 3-33)。

图 3-33 蓝牙连接状态示意

④时钟显示

时钟显示以 24 小时制显示当前时间。

⑤操作记录显示

记录之前执行的最后一条操作的情况，长按可以显示当前 LOG 文件内容。

2. 蓝牙连接界面

(1)界面介绍

从功能选择界面选择应答器读写或 LEU 读写时，如果无法连接到默认的读写盒则进入到蓝牙连接界面，如图 3-34 所示(当手持 PDA 与读写盒蓝牙连接正常时，不会出现此界面，将直接进入操作界面)。

选择“重新连接”或按数字“1”键，可再次尝试连接默认的读写盒。

选择“连接其他读写盒”或按数字“2”键，可选择与其他已配对的读写盒或者搜索未配对的读写盒。

选择“返回起始画面”或按数字“3”键，则回到初始界面。

提示：最后一次连接成功的应答器读写盒、LEU 读写盒将作为默认应答器读写盒、默认 LEU 读写盒记录在手持终端中。

(2)重新连接

如果由于读写盒电源未打开或其他原因造成与读写盒连接失败，可使用重新连接功能尝试连接。如果连接成功，则直接进入相应操作界面；再次连接失败，则底部会有提示条提示重新连接失败(见图 3-35)。

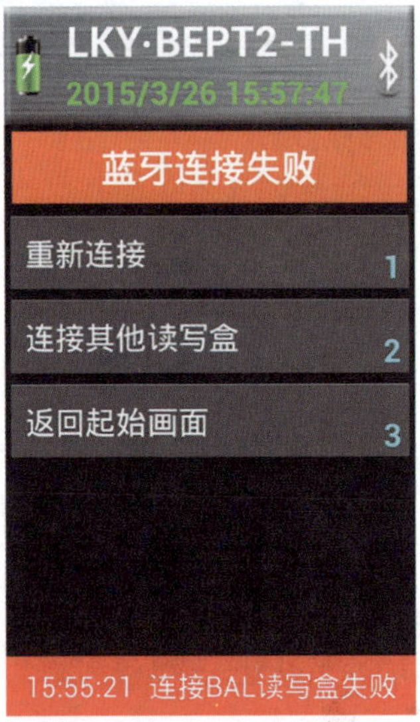

图 3-34 蓝牙连接界面

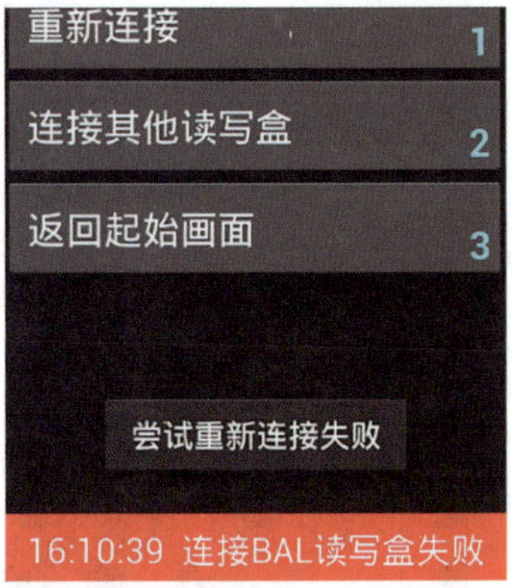

图 3-35 重新连接失败提示

(3)连接其他读写盒

如果因为报文读写工具配套的应答器读写盒或 LEU 读写盒故障,需要重新配对新的应答器或 LEU 读写盒时,可选择“连接其他读写盒”,搜索并与新的读写盒进行配对。

如图 3-36 所示界面上显示的是目前已配对好的读写盒,一般为两个设备,BAL_BT××××为应答器读写盒,LEU_BT××××为 LEU 读写盒。如果所需要连接的读写盒不在已配对读写盒列表中,可以点击“搜索”按钮搜索新的读写盒,搜索状态如图 3-37 所示。

在搜索到的设备列表上点击即可弹出蓝牙配对界面,输入蓝牙配对 PIN 码(为设备名称的最后 4 位数字),点击“确定”即可完成读写盒的配对并自动连接(见图 3-38)。

图 3-36 连接其他读写盒界面

图 3-37 搜索读写盒界面

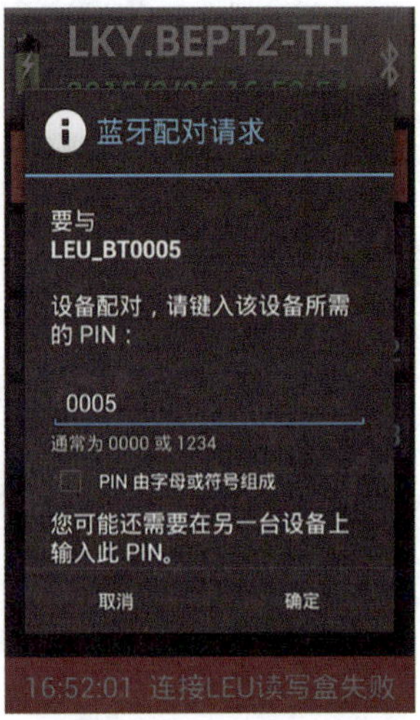

图 3-38 输入配对码界面

注意:在使用连接到其他设备时,应根据设备名称检查搜到的设备是否为要连接的读写盒，BAL_BT××××为应答器读写盒，LEU_BT××××为 LEU 读写盒。

3. 应答器操作界面

在功能选择界面选择应答器操作后，连接读写盒成功，进入应答器操作界面（见图 3-39）。此界面根据选择的应答器类型完成对该类型应答器的读写操作。

提示：读写工具能够记忆上次关机前的应答器类型，自动进入该类型。

（1）界面介绍：界面上部中间的按钮为应答器类型按钮，下边的 6 个按钮则是应答器的功能执行按钮。

（2）功能按钮说明

①应答器类型按钮：通过在屏幕上长按应答器类型按钮或键盘上的 MENU 键，可以弹出应答器类型选择菜单以选择应答器类型（见图 3-40）。

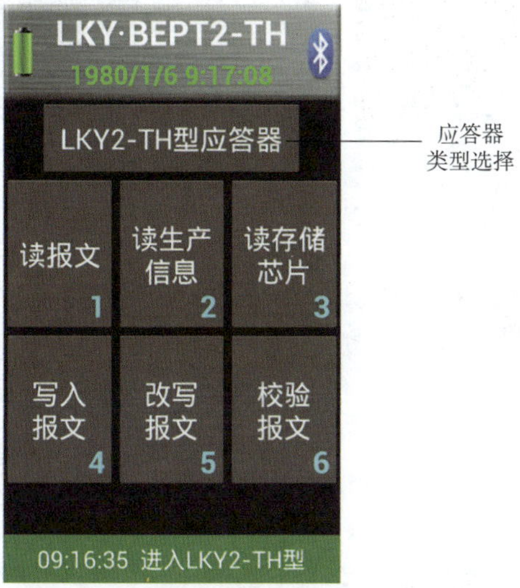

图 3-39　应答器操作界面

图 3-40　应答器类型选择

除在屏幕上直接点击外，也可直接按键盘数字键进行操作，即可进入不同类型应答器对应操作界面（见图 3-41）。

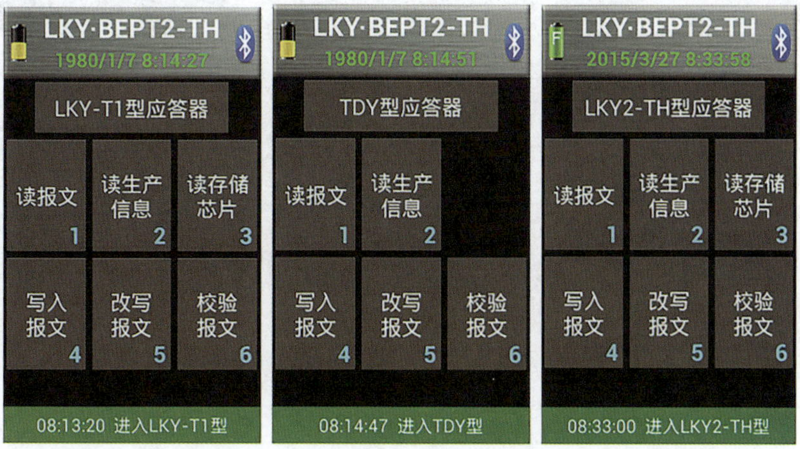

图 3-41　各种类型应答器功能界面

②读取报文：在屏幕上点读报文按钮或按键盘上的数字“1”键，可以执行A4模式读取应答器报文功能。读取成功后的结果如图3-42所示。

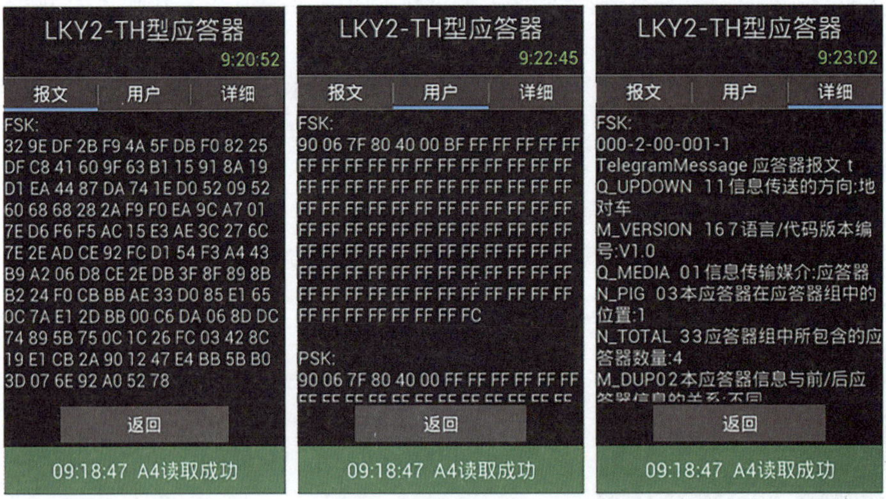

图3-42 应答器读报文界面

该功能可以读取并解析应答器发送的报文，用户可以通过标签页选择所需要查看的内容。可以直接点击标签或使用键盘的“←”和“→”方向键切换显示，显示内容可以通过触摸滑动或键盘“↑”和“↓”方向键上下移动。查看完毕后，可通过点击返回按钮或键盘返回键，返回应答器功能界面。

如果无法读取到报文，将自动进行3次重试，重试后仍然无法读取的则提示读取失败。

注意：对于大容量应答器，会同时收到2条报文。

③读取生产信息：在屏幕上点击“生产信息”按钮或按键盘上的数字“2”键，可以执行读应答器制造商信息的功能。读取成功后的结果如图3-43所示。

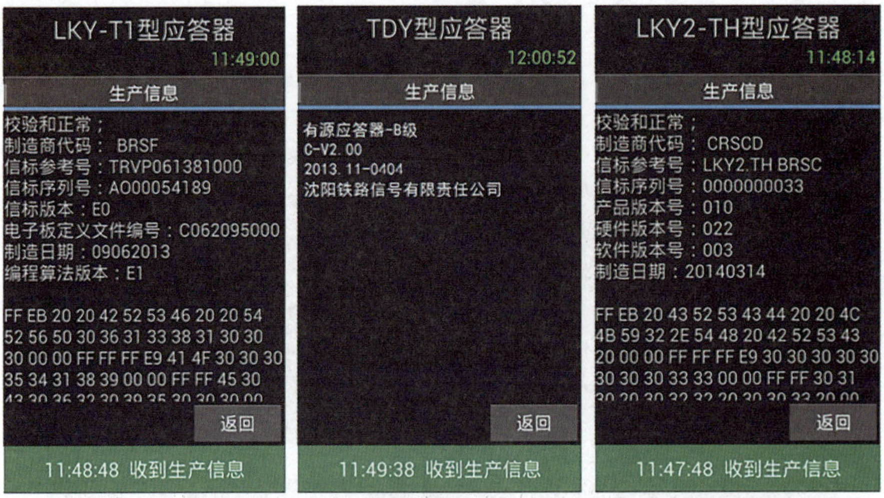

图3-43 应答器读生产信息界面

该功能可以读取应答器制造商信息，用户可以查看制造商信息的全部内容。对于 LKY-T1 型和 LKY2-TH 型应答器，在制造商信息的下边还以十六进制形式显示出制造商信息存储芯片的全部数据内容，可供检查与核对，显示的内容可以通过触摸滑动或键盘“↑”和“↓”方向键上下移动。查看完毕后，可通过点击返回按钮或键盘返回键，返回应答器功能界面。

如果无法读取到生产信息，将自动进行 5 次重试，重试后仍然无法读取的则提示读取失败。

注意：读取 TDY 型应答器的生产信息时，需将读写盒或手提箱放置到 TDY 型应答器的中心位置。

④读取存储芯片：在屏幕上点读存储芯片按钮或按键盘上的数字“3”键，可以执行 A5 模式读取应答器存储芯片功能。读取成功后的结果如图 3-44 所示。

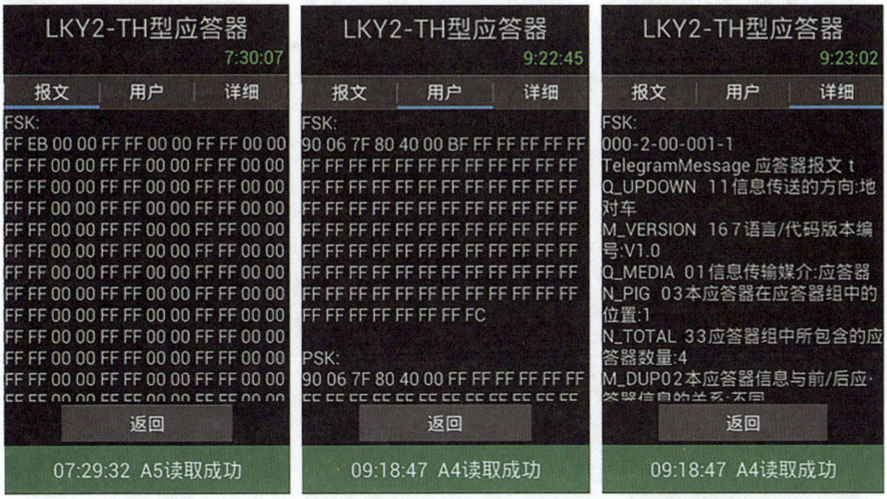

图 3-44 应答器读存储器界面

该功能可以读取全部报文数据存储器内的数据，对其中报文部分进行解析，其他固定填充区域的数据会自动进行检查，如果与应有的固定值不一致，会提示校核错误。格式为，数据地址：固定值→实际值（见图 3-45）。此校核结果只是作为参考，应以实际人工校核结果为准。

图 3-45 校核错误界面

可以直接点击标签或使用键盘的“←”和“→”方向键切换显示，显示内容可以通过触摸滑动或键盘“↑”和“↓”方向键上下移动。查看完毕后，可通过点击“返回”按钮或键盘“返回”键，返回应答器功能界面。

如果无法读取到数据，将自动进行 3 次重试，重试后仍然无法读取的则提示读取失败。

注意：TDY 型应答器无此功能。

⑤写入报文：在屏幕上点“写入报文”按钮或按键盘上的数字“4“键，可以执行写入应答器报文的功能。

a. 首先会检查是否插入了报文存储的 SD 卡，如果未插入则会给出提示（见图 3-46）。

图 3-46 提示插入存储卡界面

如果插入了SD卡，将会打开报文文件选择界面（见图3-47），并自动定位到应答器报文默认存储目录“/sdcard1/bept/Balise/”。

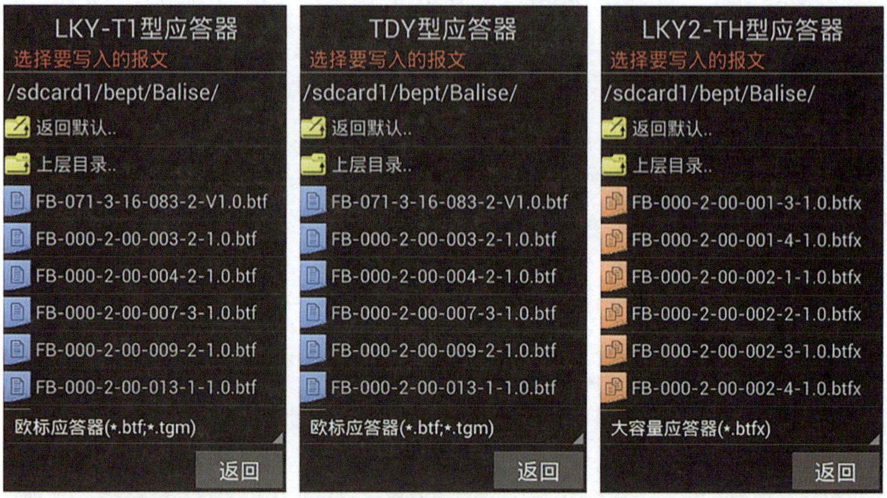

图3-47 报文文件选择界面

图3-47所示界面说明见表3-1。

表3-1 报文文件选择界面说明

序 号	界面显示	说 明
1	/sdcard1/bept/Balise/	显示当前路径
2	返回默认..	单击后，可以从任意路径返回报文默认目录
3	上层目录..	单击后，可浏览上级目录
4	大容量应答器(*.btfx)	文件筛选器，会根据应答器类型自动匹配文件
5	大容量应答器(*.btfx) 欧标应答器(*.btf;*.tgm) 全部文件(*.*)	经过序号4的操作后，弹出的选择类型菜单，用以进行文件列表重新筛选
6	FB-000-2-00-001-1-1.0.btfx FB-000-2-00-001-2-1.0.btfx FB-000-2-00-001-3-1.0.btfx	文件列表，显示筛选出的文件
7		代表大容量应答器双报文文件，btfx格式

续上表

序　号	界面显示	说　明
8		代表欧标应答器单报文文件，btf 格式
9		代表欧标应答器单报文文件，tgm 格式
10	返回	返回按钮，点击后放弃写入，返回应答器功能界面

LKY-T1 和 TDY 型应答器支持 btf 和 tgm 格式的报文文件，LKY2-TH 型应答器支持 btfx 格式的报文文件。

b. 当在文件列表的文件名上点击之后，会进入报文文件内容检查界面（见图 3-48）。

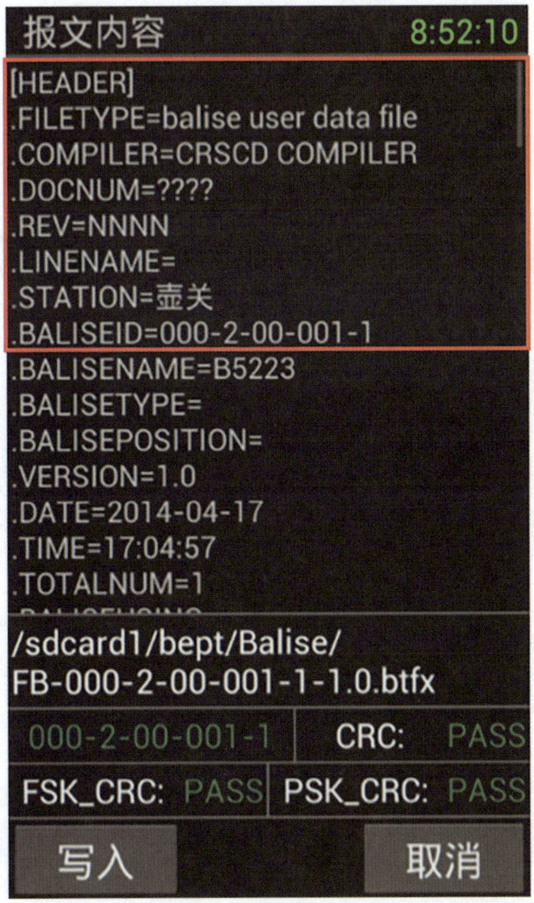

图 3-48　报文文件检查界面

图 3-48“红框”内界面为报文内容显示窗口，可上下滑动查看报文其余部分的内容。

图 3-48 所示界面说明见表 3-2。

表 3-2 报文文件检查界面说明

序 号	界面显示	说 明
1	/sdcard/bept/tels/ FB-000-2-00-009-3-1.0.btfx	报文文件完整路径显示
2	000-2-00-009-3	根据报文数据解码出的应答器标号
3	000-2-00-001-1 CRC: PASS FSK_CRC: PASS PSK_CRC: PASS	文件中各 CRC 字段校验结果
4	写入	执行写入按钮
5	取消	返回文件选择界面按钮

注意：CRC 字段校验的结果有 PASS、N/A、FAIL 三种情况，绿色的 PASS 表示校验通过；黄色的 N/A 表示这个字段此时不需要检查；红色的 FAIL 表示校验失败。当报文文件有校验失败的项时不允许写入。

c. 单击“写入”按钮后，即开始文件写入过程，随着写入过程的进行，底部会以文本方式提示写入进程(见图 3-49)。

图 3-49 报文写入提示条

报文写入完成之后，程序自动进行回读校验。写入的报文与从应答器回读的报文如果一致则提示写入成功(见图 3-50)。

如果不一致则以醒目方式提示写入失败(见图 3-51)。

图 3-50 报文写入成功提示条

图 3-51 报文写入失败提示条

写入完成后可以通过界面上的“编号”“报文”“详细”标签浏览写入的内容(见图 3-52)。

⑥改写报文：在屏幕上点改写报文按钮或按键盘上的数字“5”键，可以执行改写应答器报文的功能。

改写应答器报文与写入应答器报文的区别是：在用户选择完用来改写应答器的报文文件后，执行写入之前，先要读取应答器现有报文，解析出应答器标号，检查其与报文文件解析出的应答器标号是否一致。如果一致则继续执行写入及校验；不一致则不允许写入，并以醒目方式提示应答器标号不一致，无法改写(见图 3-53)。

⑦校验报文：在屏幕上点校验报文按钮或按键盘上的数字“6”键，可以执行校验应答器报文的功能。

图 3-52　应答器写入完成界面

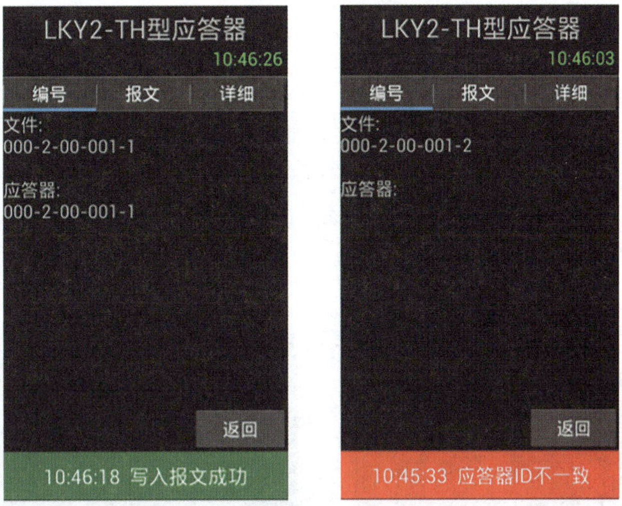

图 3-53　应答器改写报文界面

校验应答器报文时，先由用户选择报文文件，之后读取应答器中报文，检查其与用户选择的报文是否一致：一致给出校验成功的提示；不一致则提示校验失败（见图 3-54）。

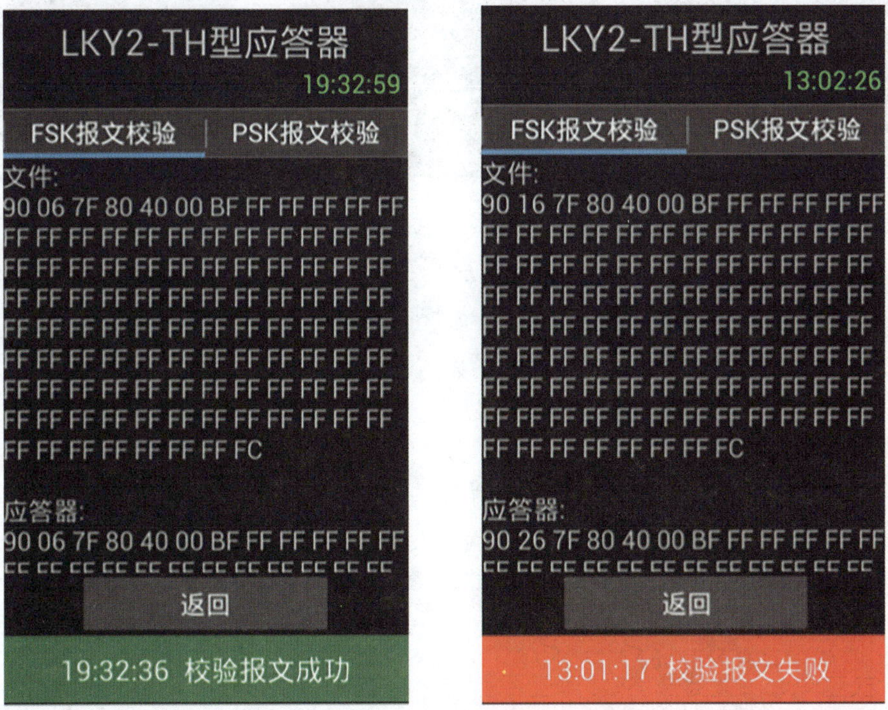

图 3-54　应答器校验报文界面

4. LEU 操作界面

在功能选择界面选择 LEU，进入 LEU 操作界面（见图 3-55），通过此界面完成对 LEU 的读写及维护操作。

(1)界面介绍

界面中间的 7 个按钮是 LEU 功能执行按钮。

(2)功能按钮说明

①读取维护数据:通过在屏幕上点读维护数据按钮或按键盘上的数字“1”键,可以执行读取 LEU 维护数据功能(见图 3-56)。

在执行读取功能之前允许用户选择需要读取的内容:可以分别选择读取 SysConf、THM 或者 THE,在选择了读取 THM 或 THE 时还允许用户选择读取记录条数,默认是读取全部(见图 3-57)。

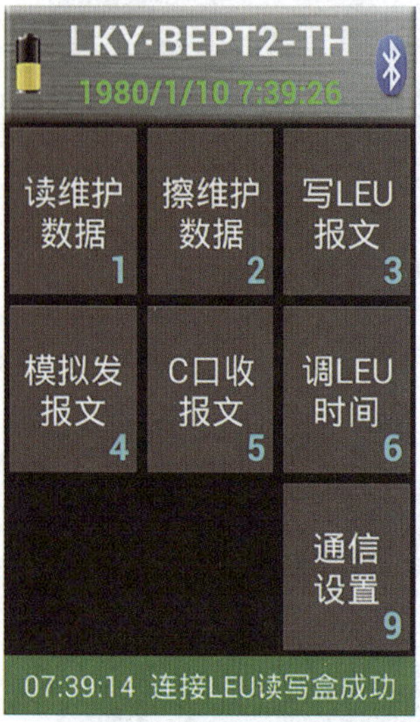

图 3-55 LEU 操作界面

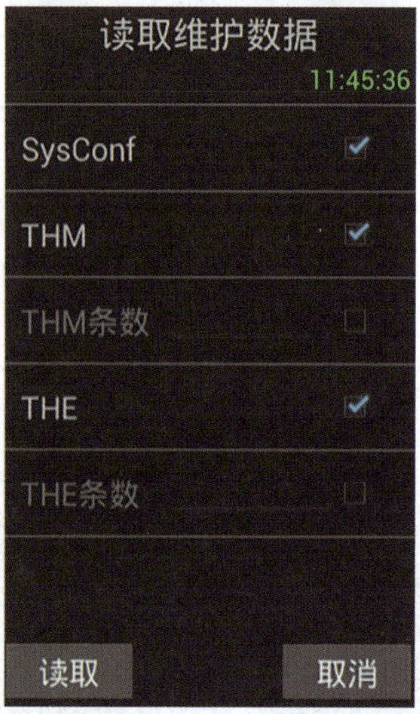

图 3-56 维护数据读取选择界面

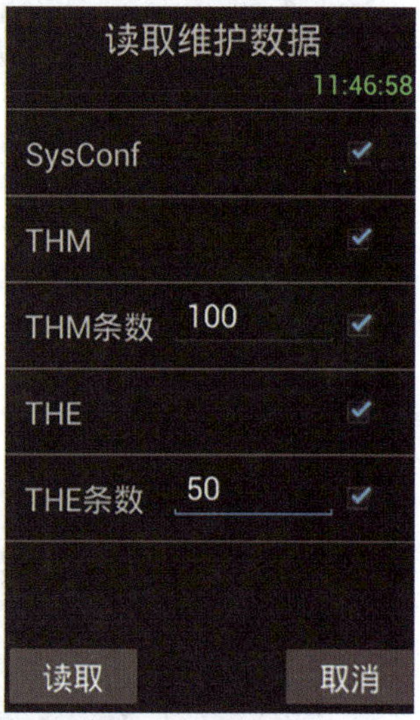

图 3-57 维护数据读取选择界面指定条数

选择读取指定条数的方法:在选择了读取 THM 或 THE 的情况下,勾选相应条数行的选择框,在条数处用数字键输入要读取的条数。

点击“读取”按钮,将执行读取,读取的过程在读取维护数据的界面中显示出来(见图3-58)。

读取完毕后,可通过点击返回按钮或键盘返回键,返回 LEU 功能界面。

由于读取 THM 及 THE 数据时可能存在的数据量较大的情况,因此在执行读取时可能会消耗较长时间,请耐心等待。

注意:读取到的 SysConfig、THM 和 THE 数据将保存在日志目录下的 ReadOutSys××××. txt、ReadOutTHM××××. txt 和 ReadOutTHE××××. txt 文件中(××××表示的是读取时的年月日时分秒)。

②擦除维护数据:通过在屏幕上点击“擦维护数据”按钮或按键盘上的数字“2”键,可以执行擦除 LEU 维护数据功能。

在执行擦除功能之前允许用户选择需要擦除的内容。可以分别选择擦除“THM”或者“THE”(见图 3-59),为了防止误擦除,默认选择是都不擦除。

执行擦除的过程将在“擦除维护数据”的界面中显示出来(见图 3-60)。擦除完毕后,可通过点击“返回”按钮或键盘“返回”键,返回 LEU 功能界面。

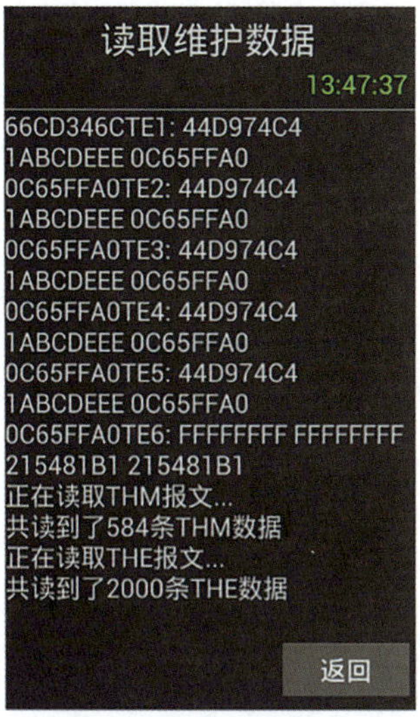

图 3-58 读取维护数据界面

图 3-59 维护数据擦除选择界面

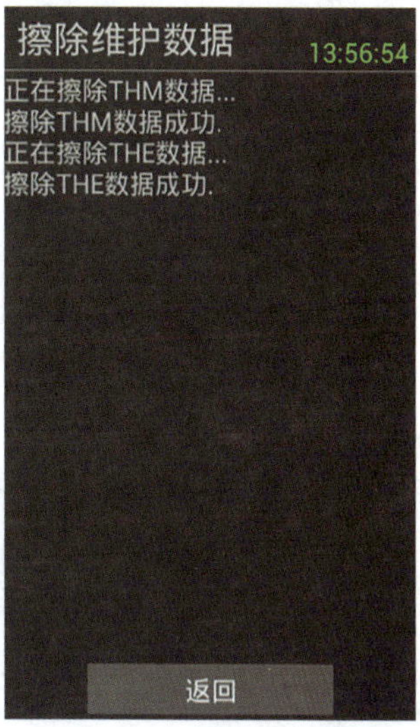

图 3-60 擦除维护数据界面

③写 LEU 报文：通过在屏幕上点击“写 LEU 报文”按钮或按键盘上的数字“3”键，可执行写入 LEU 的默认报文功能。

首先会检查是否插入了报文存储的 SD 卡，如果未插入则会给出提示(见图 3-61)。

如果插入了 SD 卡，将会打开报文文件选择界面(见图 3-62)，并自动定位到 LEU 报文默认存储目录“/sdcard1/bept/Leu/”。

图 3-62 所示界面说明见表 3-3。

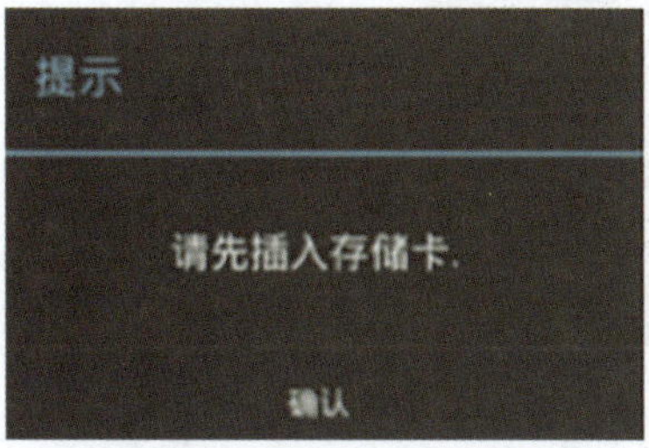

图 3-61 提示插入存储卡界面

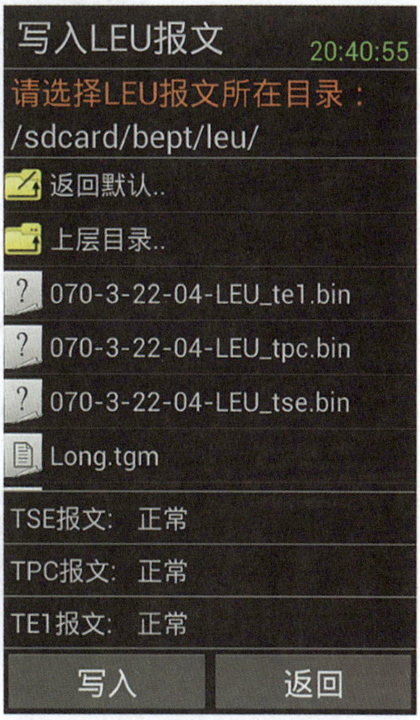

图 3-62 写 LEU 报文文件选择界面

表 3-3 写 LEU 报文选择界面说明

序　号	界面显示	说　明
1	/sdcard/bept/leu/	显示当前完整默认报文选择路径
2	返回默认..	点击后，可以从任意路径返回报文默认目录
3	上层目录..	点击后，可浏览上级目录
4	070-3-22-04-LEU_te1.bin 070-3-22-04-LEU_tpc.bin 070-3-22-04-LEU_tse.bin	为目录中文件列表
5	TSE报文：正常 TPC报文：正常 TE1报文：正常	为文件检查情况

当所选路径中，名称相同的 TSE、TPC、TE1 文件相应的数据长度都正确，并且每种文件各有一个时，显示为正常。否则，显示为缺失或错误，不允许写入。

点击“写入”按钮后，执行 LEU 缺省报文的写入工作，写入界面如图 3-63 所示。

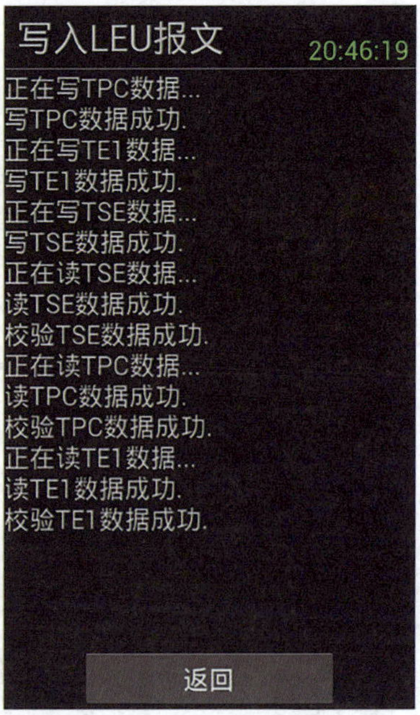

图 3-63　写入 LEU 报文界面

由于写入及校验过程耗时较长，约 5 min 左右，因此需耐心等待。

④模拟发送报文：通过在屏幕上点击“模拟发报文”按钮或按键盘上的数字“4”键，执行模拟 TCC 向 LEU 发送报文的功能，经过 LEU 转发的报文可以通过 C 接口回读查看。

4 个通道的报文分别选取，报文的格式为 tgm 格式，支持长报文或短报文。图 3-64 所示为报文选择过程，点击每个通道按钮，分别选择该通道的 tgm 格式文件。

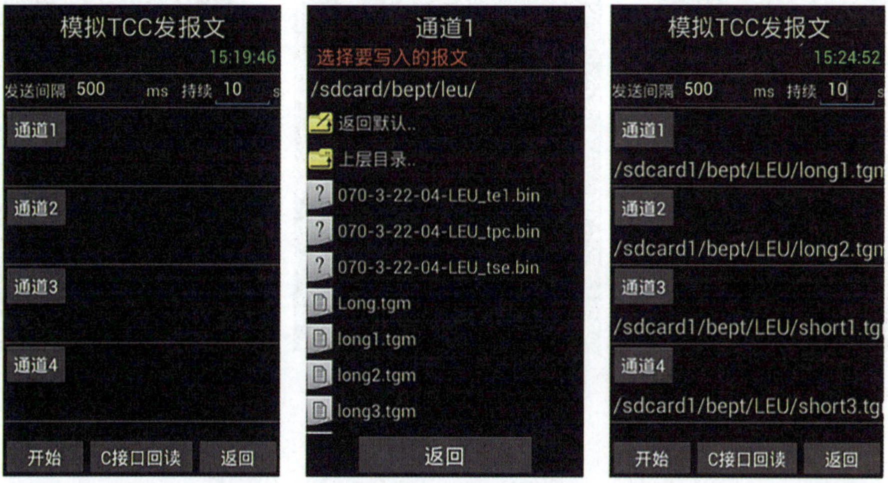

图 3-64　报文模拟选择过程

图 3-64 所示界面说明见表 3-4。

表 3-4　报文模拟选择过程界面说明

序　号	界面显示	说　明
1		以 s 为单位，指模拟发送的持续时间，默认为 10 s
2		以 ms 为单位，指 TCC 发送报文给 LEU 的周期，默认 500 ms
3		开始、停止执行模拟的按钮
4		指通过 C 接口接收报文，收到后显示报文内容
5		返回 LEU 功能界面

模拟开始之后，在按下“停止”按钮之前，“返回”按钮将不可用。

注意：模拟开始之后，LEU 读写盒周期性地将模拟数据发送给 LEU，应在“模拟”完成 1～2 s 之后再执行 C 接口回读，以保证报文转换完成。如报文长时间不转换，请检查读写盒的 S 接口线是否与 LEU 连接妥当。

在模拟进行中按下 C 接口回读，可将从 C 接口读到的报文显示出来（见图 3-65）。

⑤C 口收报文：通过在屏幕上点击“C 口收报文”按钮或按键盘上的数字“5”键，可执行 C 接口接收 LEU 报文的功能。其界面如图 3-66 所示。

执行读取后的结果如图 3-67 所示。

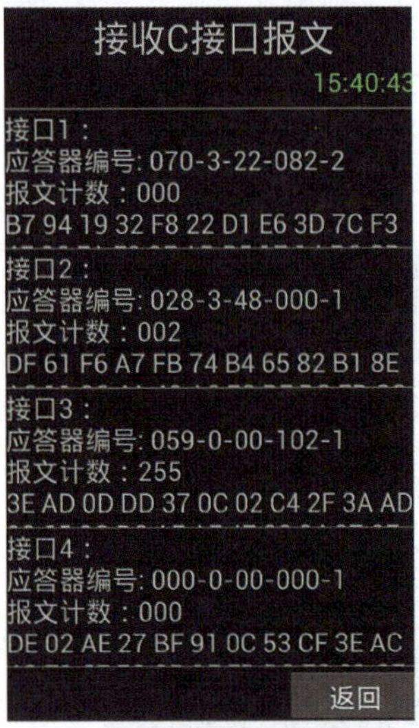

图 3-65　C 接口回读

图 3-66　C 接口收报文

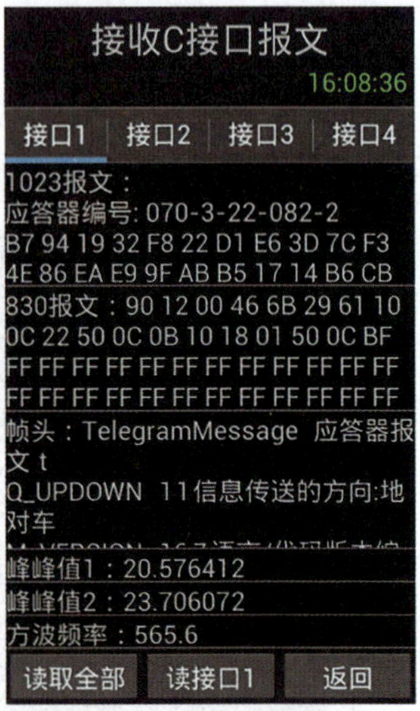

图 3-67　接收报文结果

图 3-67 所示界面说明见表 3-5。

表 3-5　接收报文结果界面说明

序　号	界面显示	说　明
1	读取全部	自动读取 4 个通道的数据
2	读接口1	单独读取某一个通道，根据顶部标签的选择，可以自动变为“读接口 2”“读接口 3”或“读接口 4”
3	1023报文： 应答器编号: 070-3-22-082-2 B7 94 19 32 F8 22 D1 E6 3D 7C F3 4E 86 EA E9 9F AB B5 17 14 B6 CB	报文原始数据
4	830报文：90 12 00 46 6B 29 61 10 0C 22 50 0C 0B 10 18 01 50 0C BF FF FF FF FF FF FF FF FF FF FF FF FF FF FF FF FF FF FF FF FF FF FF	解码后用户数据
5	帧头：TelegramMessage 应答器报 文 t Q_UPDOWN 11信息传送的方向:地 对车	用户数据解析后的文本
6	峰峰值1：20.576412	C1 信号峰-峰值，单位为 V
7	峰峰值2：23.706072	C6 信号峰-峰值，单位为 V
8	方波频率：565.6	为测量的 C1 数据通信速率，单位为 kbit/s

注意：在进行 C 接口读取时会有继电器切换的声音，属正常现象。

⑥调整 LEU 时间：通过在屏幕上点“调整 LEU 时间按钮”或按键盘上的数字“6”键，可以设置 LEU 系统时钟。其设置界面如图 3-68、图 3-69 所示。

⑦通信设置按钮：通过在屏幕上点击“通信设置”按钮或按键盘上的数字“9”键，可以设置与 LEU 通信时的通信参数。其设置界面如图 3-70 所示。

图 3-68　调整 LEU 时钟界面

图 3-69　调整 LEU 时钟成功界面

图 3-70　通信设置界面

图 3-70 所示界面说明见表 3-6。

表 3-6　接收报文结果界面说明

序　号	界面显示	说　明
1	使用422口：1号口 2号口	设置 LEU 读写盒与 LEU 通信时使用哪个 RS422 接口，默认使用 RS422-1 口
2	在LEU上记录维护操作	设置是否将执行的维护操作记录也记在 LEU 的维护信息之中，默认是不记录
3	确定	改变设置后返回 LEU 操作界面
4	重置	将所有设置恢复为默认
5	取消	放弃本次设置并返回 LEU 操作界面

四、读写盒的使用

1. 应答器读写盒

外观如图 3-71 所示。

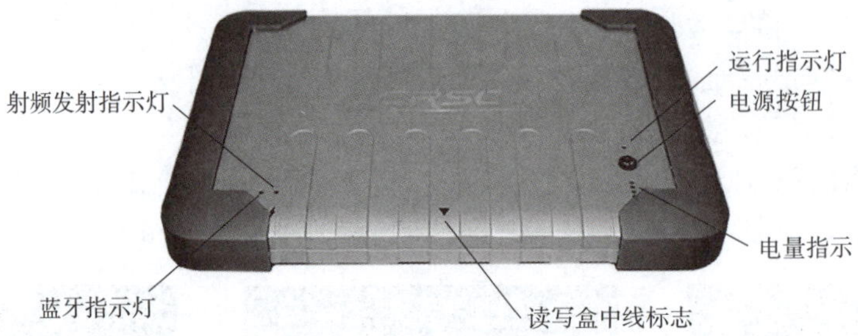

图 3-71　应答器读写盒

(1)工作指示灯及按钮含义

①运行指示灯:红绿双色,正常时亮绿色,故障时红色闪烁。

②电源按钮:未开机时,按一下打开电源;开机后长按关闭电源;开机后短按显示电池电量。

③电量指示:红绿双色,四个指示灯同时点亮红色表示电池高温报警,此时,读写盒自动断电;电量指示灯显示绿色,根据亮灯的数量表示电池电量的多少。

④读写盒中线标志:在操作 TDY 型应答器时,将此标志与应答器中间标志对齐。

⑤蓝牙指示灯:蓝色,快速连续闪烁表示蓝牙未连接,间隔闪烁表示连接成功。

⑥射频发射指示灯:红色,点亮表示在与应答器通信,此时请不要移动读写盒。

(2)摆放方式

在使用应答器读写盒时,可将读写盒直接放置到应答器上方,也可将读写工具箱整体放到应答器上(见图 3-72)。

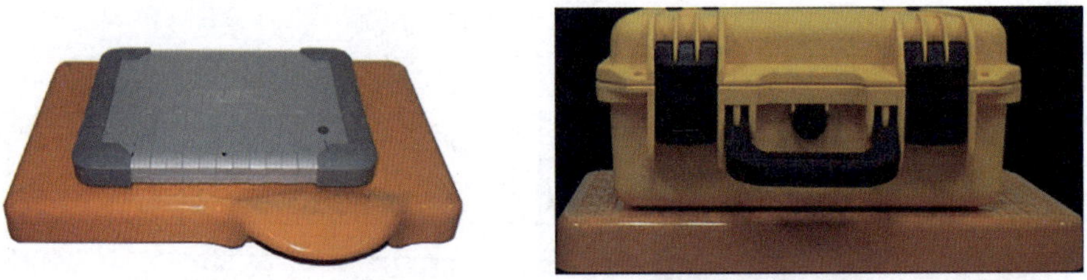

图 3-72　应答器读写盒摆放方式示意

2. LEU 读写盒

LEU 读写盒如图 3-73 所示。

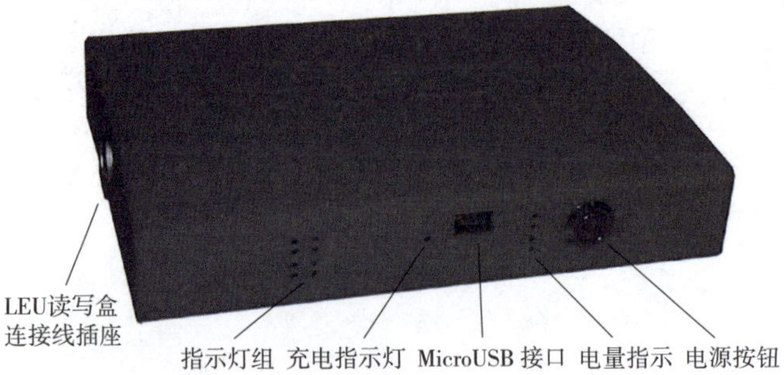

图 3-73　LEU 读写盒

（1）工作指示灯、按钮及接口含义

①电源按钮：未开机时，按一下打开电源；开机后长按关闭电源；开机后短按显示电池电量。

②电量指示：红绿双色，四个红色同时点亮表示电池高温报警，此时，读写盒自动断电；显示电量是为绿色，根据亮灯的数量表示电池电量的多少。

③MicroUSB 接口。

④充电指示灯：红绿双色，红色表示充电中，绿色表示充满。

⑤指示灯组：显示连接状态。

⑥LEU 读写盒连接线插座。

（2）连接方式

在使用 LEU 读写盒操作 LEU 时，需要使用 LEU 连接线把 LEU 与读写盒连接起来（见图 3-74）。

图 3-74　LEU 与读写盒连接示意图

注意：LEU 的 S 接口与 C 接口样式相同，C 接口连接 SERB 板，S 接口连接 SLEB 板，不要接错。

第四章　列控中心故障处理

列控中心设备故障影响正常使用时，故障处理人员要立即确认设备故障影响范围，对影响行车安全的，必须先办理登记设备停用手续，再积极组织抢修。设备修复后，经使用部门核对确认设备正常后，办理销记手续，恢复列控中心设备使用。

第一节　故障处理程序

列控中心设备故障影响正常使用时，应按照以下步骤进行故障的处理。

1. 确认故障现象

列控中心设备发生故障后，电务值班人员应向车站值班员了解故障情况（故障现象，发生时间、地点影响范围等）。

2. 停用

按规定对故障设备正确登记停用，同时将故障前后不少于 30 min 的信号集中监测数据做好备份。发生与信号设备有关联的挤岔和机车车辆脱轨、冲突、颠覆等事故时，应将显示器现象登记在运统—46 上，与车站双方确认。同时应将显示器道岔位置、光带表示、按钮状态、铅封情况、股道显示、计数器读数、室内相关继电器位置、计算机回放数据等情况做好详细记录并备份。

3. 汇报

将故障处所、设备名称、故障现象、影响范围报调度指挥中心、车间。如发生与信号设备有关联的挤岔和机车车辆脱轨、冲突、颠覆等事故，应立即上报，监视、保护事故现场，不得擅自触动设备。

4. 判断

根据故障现象，在显示器、分线盘或利用信号集中监测设备进行试验或测试，准确判断故障部位和范围，特别要区分室内外故障。

5. 处理

（1）携带齐全工具、器材、图纸、仪表、灯具、通信工具等出动，进行故障处理。

（2）处理故障过程中，严格按照安全相关文件要求执行。

（3）段调度指挥中心、车间根据故障现象、设备类型和影响范围，启动相应应急预案，组织段、车间值班干部和应急队伍赶赴现场协助处理。

（4）如发生器材故障，应将故障器材保存好。

6. 试验

故障处理完毕，如处理过程中涉及动线，应联系要点进行联锁试验工作并做好记录。

7. 开通

设备故障修复试验良好后，要办理销记手续，方可恢复设备使用。处理完毕后将开通使用时间、故障原因通知电务值台人员。

8. 记录

将故障概况、处理经过、原因、影响车次、器材号码、设备损坏等情况做好详细记录并向调度指挥中心报告。

第二节　故障判断分析

列控系统常见硬件故障处理，如表 4-1 所示。

表 4-1　列控中心常见故障的原因及处理措施

序号	故障现象	原因分析	处理措施	备　注
1	电源模块输出故障	外部电源中断或电源模块故障	1. 检查外部电源输入端子是否有电； 2. 检查电源模块开关是否跳闸； 3. 电源模块故障，进行更换	
2	电源报警蜂鸣器响	电源冗余功能丧失	1. 检查是否有一台电源模块断电或输出故障； 2. 关闭相应的报警开关； 3. 关闭故障的电源，进行更换	
3	冗余电源模块输出电流不均衡	冗余电源模块输出电压不匹配	1. 调整冗余电源的输出电压为相等的数值(25 V)； 2. 如果上述方法没有效果，则判断电源故障，采用依次关闭电源模块测量输出参数来判断； 3. 更换存在故障的电源模块	关闭电源应在点内试验
4	电源模块输出电流值偏高(大于 10 A)	输出负载偏大	1. 检查列控中心的各个子单元是否存在负载变大的现象； 2. 如果电源设备发热，则建议在点内进行逐个单元断电测试	正常输出电流在 10 A 以下
5	电源模块的输出电压值偏高或偏低	输出失调	1. 调整电源模块的输出电压； 2. 如调整不成功则更换电源	正常输出电压范围在 24～26 V 之间
6	通信板断电	外部断电或熔丝熔断	1. 检查通信接口单元是否接入 24 V 电源； 2. 检查断电板卡是否熔丝熔断； 3. 板卡故障，更换	
7	通信指示灯显示故障	通信通道或设备故障	1. 检查相应的通信通道是否中断； 2. 检查相应的对方通信设备是否工作正常； 3. 板卡故障，更换	
8	通信板无法进入正常的工作状态	地址配置错误或设备故障	1. 检查通信板地址配置(通过工作指示灯)； 2. 板卡故障，更换	如果是地址配置错误，则应协调厂家解决
9	IPU6 输出指示灯灭	断电或 IPU6 故障	1. 检查主机单元是否断电； 2. IPU6 故障，更换	

续上表

序号	故障现象	原因分析	处理措施	备　注
10	主机板 F486-4I 故障灯亮	F486-4I 故障	1. 检查并记录故障码，联系厂家； 2. 如重启无效则立即更换	对于出现过故障的主机板由厂家进行分析
11	主机无法投入工作	软件或地址配置故障	1. 确认本系程序是否正确； 2. 故障不能排除则联系厂家	
12	ET-LINE 板通信指示灯异常	主机通信中断或板卡故障	1. 检查电源开关是否打开； 2. 检查柜内通信光纤是否有中断； 3. 检查对应的主机工作是否正常； 4. 板卡故障，更换	更换板卡必须断电
13	PIO 工作指示灯异常	板卡故障	1. 检查对应 ET-LINE 板工作是否正常； 2. 检查电源开关是否打开； 3. 板卡故障，更换	
14	监测维护机异常	监测维护机硬件故障	1. 检查电缆连接是否有问题； 2. 检查主机硬件是否有故障； 3. 检查操作系统是否有问题	
15	显示器异常	故障或连接异常	1. 检查电源线和电缆线连接是否有问题； 2. 检查主机工作是否正常； 3. 硬件故障，更换	
16	显示列控中心未初始化	列控中心主机被重启过	在调度中心利用临时限速服务器进行初始化	
17	列控中心管辖范围内轨道电路红光带	列控中心故障，或通信通道故障	1. 检查列控中心主机是否断电或宕机； 2. 检查列控中心和 CTC 设备通信通道； 3. 检查轨道电路通信板是否存在故障； 4. 检查轨道电路通信电缆是否有松动	
18	列控中心管辖范围内个别区段红光带	列车占用	检查是否有列车在运行或轨道电路被人为短路	
		轨道电路设备故障	检查轨道电路设备是否有故障	
		采集电路故障	检查列控中心的采集单元是否故障（熔丝熔断）	
19	列控中心边界区段发送 HU 码	站间通信中断	1. 检查列控中心是否故障； 2. 检查站间通信是否良好	
20	应答器报文发送故障	设备故障或通道故障	1. 检查列控中心设备工作是否正常； 2. 检查 LEU 通信板工作状态是否正常； 3. 检查 LEU 设备是否故障； 4. 检查室内应答器电缆连接	

续上表

序号	故障现象	原因分析	处理措施	备　注
21	列控中心无法实现改方	站间通信中断	1. 检查列控中心站间通信光缆是否正常； 2. 检查列控中心和联锁通信是否正常	
22	列控中心和 TSRS 通信中断	信号安全数据网中断	1. 检查 TSRS 是否工作正常； 2. 检查列控中心工作是否正常； 3. 检查信号安全数据网是否有中断； 4. 检查本站交换机工作是否正常	
23	监测维护主机显示器黑屏	进入休眠模式	触动键盘鼠标，进入工作模式	
		电源线松动	检查电源线	
		视频电缆松动	检查视频电缆线	
		显示器开关关闭	检查显示器开关	
		维修诊断主机掉电	检查维修诊断主机开关和电源线	
		维修诊断主机故障	更换维修主机	

第三节　故障处理注意事项

判断处理故障应尽量利用列控中心维修诊断软件的诊断信息，如网络状态连接图、故障报警信息等。通过网络状态连接图可以直接查看列控设备各级通道的连接情况、板卡故障情况，利用报文解析浏览图可直接查看有源应答器的当前报文和历史报文记录及相关故障信息。

当列控中心设备中的某个单元或板卡故障时，应先记录故障单元或板卡的故障代码或状态显示，然后确定故障影响范围，联系要点，及时更换备件；并从监测维护机或信号集中监测设备中调取历史记录，发送给厂家进行故障分析。

一、列控中心板卡更换方法及注意事项

当列控中心设备发生硬件故障后，根据指示灯的状态判断清楚需要更换的故障板卡，以 LKD2-2-TH 列控中心为例介绍更换方法如下。

(一)列控中心板卡更换方法

1. 主机单元备板更换方法

(1)关闭故障一侧的主机电源(关闭 IPU6 的电源开关)；

(2)用螺丝刀拧松固定螺丝(上下各一对，见图 4-1)；

(3)用双手上下推助拔手柄，拔出故障板卡；

(4)插入备用板卡，用螺丝刀固定上下螺丝；

(5)打开电源(IPU6)；

(6)观察系统是否启动并进入正常工作状态。

2. 通信单元备板更换方法

(1)关闭板卡电源,用螺丝刀拧松固定螺丝(见图 4-2);

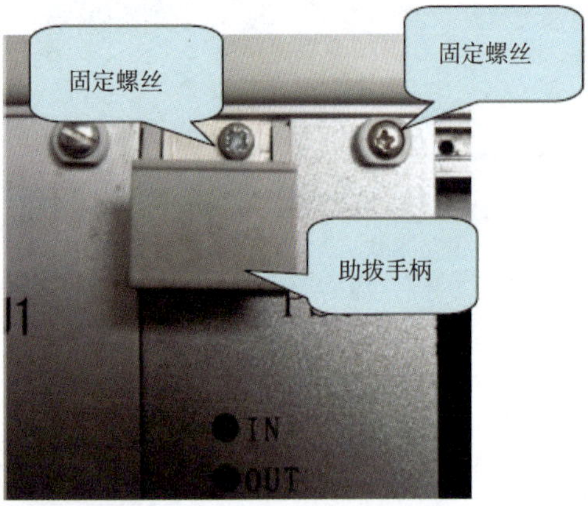

图 4-1 主机单元板卡更换

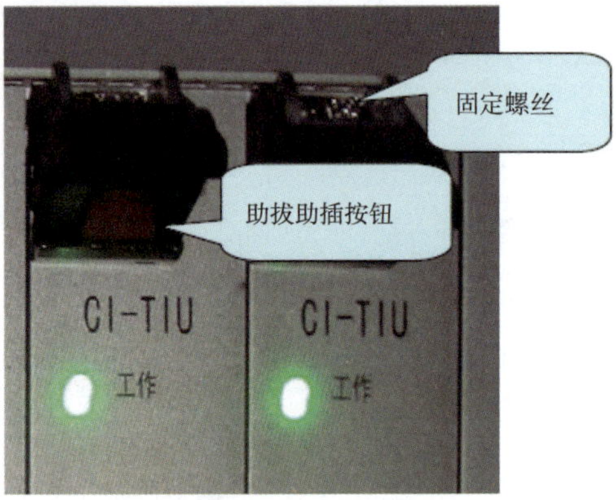

图 4-2 通信单元板卡更换

(2)拔出故障的通信板;

(3)插入备用通信板;

(4)开启电源开关观察通信板是否正常工作。

(二)列控中心板卡更换注意事项

LKD2-2-TH 列控中心各模块更换注意事项如表 4-2 所示。

表 4-2 LKD2-2-TH 列控中心各模块更换注意事项

序号	板卡	更换方式	注意事项
1	IPU6	直接更换	开关电源板时用手握住开关柄轻轻向外拉出,然后再上下扳动,不可直接用力扳动
2	F486	不能直接更换,需核对版本及插入 CF 卡	每次列控主机加电需从 CF 卡读入列控主机程序和配置数据,存储在 RAM 中
3	Z2ETH 板	不能直接更换,需插入 CF 卡	SW1 和 SW2 固定配置为 0
4	DID 板	直接更换	SW1:VME 基地址设置必须设为 F
5	FSIO	直接更换	更换后应检查指示灯是否正常;在维护终端的系统视图中确认板卡状态、接口状态是否正常
6	FIO7[P]板	直接更换	
7	CANIF 板	直接更换	
8	CANIO 板	直接更换	
9	ET-LINE	直接更换	
10	ET-PIO	直接更换	
11	ET-PI	直接更换	
12	CI-GS	直接更换	

续上表

序号	板　　卡	更换方式	注意事项
13	CI-TIU	直接更换	
14	CI-TC	直接更换	
15	LEU	不能直接更换，需烧写默认报文	确认指示灯正常；确认系统视图中 LEU 及应答器连接状态；确认应答器报文正确
16	安全数据网交换机	不能直接更换，需设置交换机配置	确认线缆连接状态、网络连接状态、网管服务器显示交换机状态为绿色，无相关报警
17	列控中心电源模块	直接更换	更换完毕试验冗余功能，调整输出电压
18	切换单元	直接更换	试验冗余功能
19	监测终端	不能直接更换，需安装维护终端操作系统、软件及数据	确认维护终端软件正常启动，与下位机、集中监测通信正常

（三）故障处理注意事项

1. 列控主机冷机启动需从 CF 卡上读入程序和数据才能进入正常运行，因此 CF 卡平时应插在 CF 卡插槽内（见图 4-3）。这样系统上电后可自动运行。特别注意，CF 卡易受静电冲击损坏，须妥善保管，并确保两系 CF 卡数据一致。故障应急处置中，如果故障系 CF 卡损坏，则可使用正常工作系 CF 卡进行故障系重启。

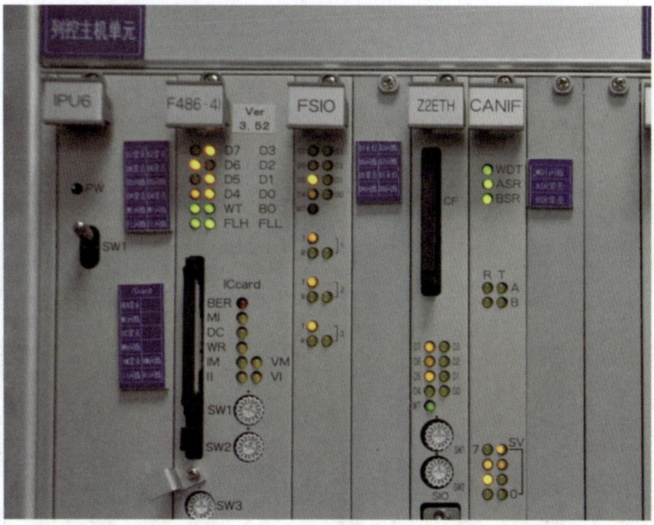

图 4-3　插入卡槽的 CF 卡

2. 系统各设备间采用了光缆连接。光缆较为脆弱，应注意以下事项：

①不要用手触摸光缆接头的光端口。光缆接头不用时，一定要带上防尘帽（见图 4-4）。

②光缆的弯曲半径一定要在 5 cm 以上，否则将造成光缆断裂。

③不可使光缆受到强烈的撞击、震动和重力挤压、拉扯。

④拆卸光缆连接须握住光缆接头的外壳拔插（见图 4-5），不可拉拽光缆线。

图 4-4　空光纤端子加以防护

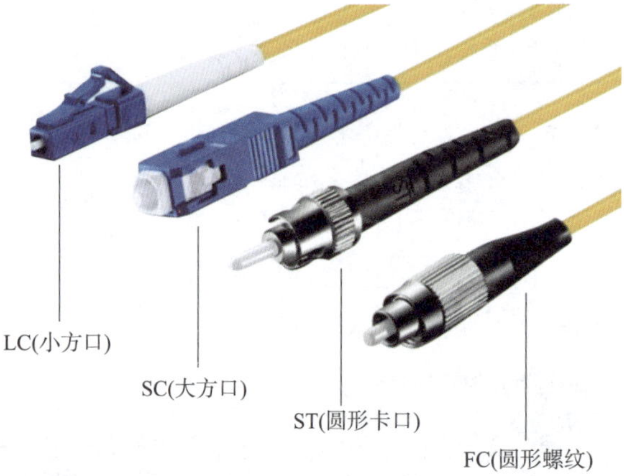

图 4-5　光纤接头外壳

⑤光缆接头要注意插头与插座吻合，同时要拧紧固定螺丝（见图 4-6）。

图 4-6　光纤连接状态

3. 列控主机的三个电路板(F486、FSIO1、FSIO2),两个光电转换板(F107P、EXTF107)以及电子终端的ET-LINE和ET-PIO2模块必须插在机架的指定槽位上,插错位置系统不能运行,并有可能造成设备故障。

4. 系统中所有的电路板和模块严禁带电拔插。违反此项规定将造成设备损坏。

二、列控中心重启及初始化

(一)列控中心重启步骤

1. 如某系故障需重启,关闭该系电源板(IPU6)电源开关;

2. 在列控主机F486板的CF卡插槽内插入CF卡;

3. 打开电源板电源开关;

4. 观察系统是否自动进入运行状态,D2表示灯灭灯后两系同步,设备恢复正常。重启后该系进入“从系”状态运行。

(二)列控中心初始化

列控中心未初始化时,TSRS终端上背景为灰底色,初始化完成后则变成黑色背景(见图4-7)。

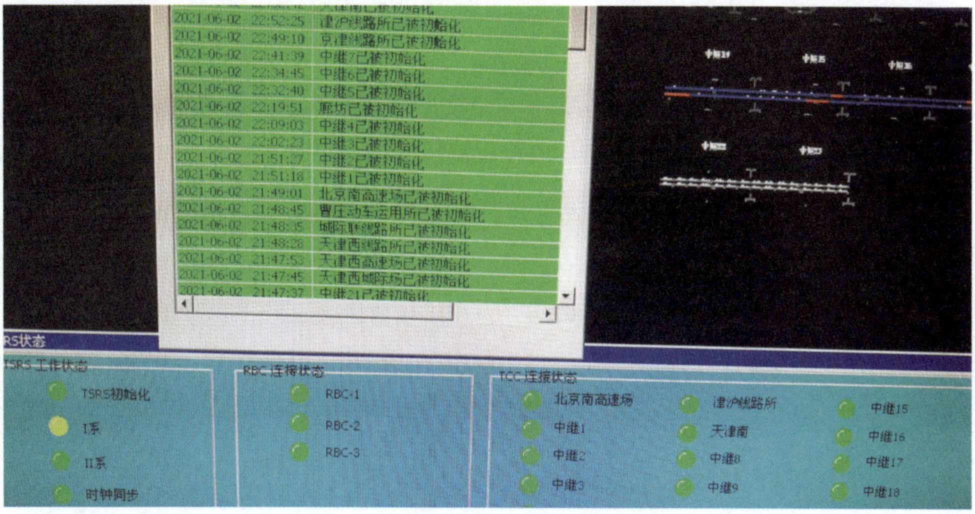

图4-7　列控中心初始化完成界面

在列控中心未初始化时,按照以下步骤进行操作:

1. 调度台终端报警,提示TSRS及列控中心需要限速状态初始化确认;

2. 调度员打开CTC限速管理界面;

3. 逐条查看本调度台正在执行的限速命令是否正确(如有需设置的命令应先设置,有需取消的命令则应先取消);

4. 按压“初始化”按钮,向TSRS发送限速状态初始化确认命令;

5. TSRS执行初始化命令并将结果反馈给CTC中心。

第四节　故障案例分析

一、列控主机软件故障

1. 故障现象

××站从系与主系不同步，从系 F486-4 板上 D2 灯点亮(见图 4-8)。

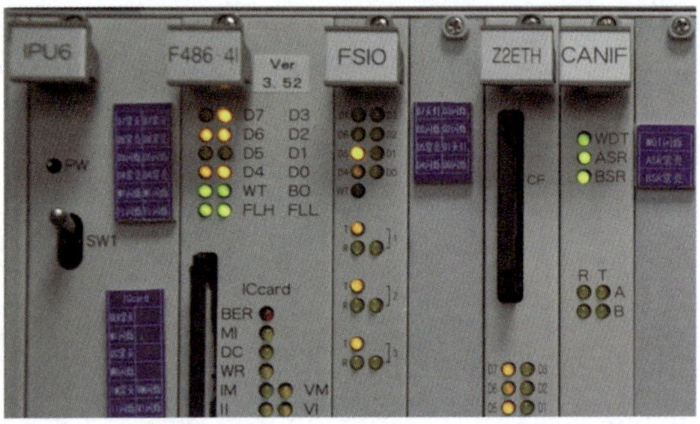

图 4-8　列控主机从系不同步

2. 分析处理

(1)联系要点重新启动从系，仍不能同步。

(2)联系要点将列控双系重新启动，重新初始化后设备恢复正常。

3. 故障原因

Ⅰ、Ⅱ系软件工作异常造成两系不同步。主从系不同步时主要考虑以下几点：两系巡检周期不同步、查询周期过短、瞬间数据量过大、CPU 硬件故障等。对于软件故障多数可通过重启或自动重启恢复，硬件故障可通过更换 CPU 硬件恢复。

二、列控中心单系宕机故障

1. 故障现象

××线××中继站列控中心双系宕机，Ⅰ系自动重启恢复正常，Ⅱ系重启后不能恢复正常。

2. 分析处理

(1)检查维修终端发现宕机后Ⅰ系自动重启恢复正常，Ⅱ系故障。

(2)检查Ⅱ系主机电源板无输出，更换电源板后依然不能启动。

(3)将Ⅰ系 CF 卡拔出插入Ⅱ系主机重启后恢复正常。

3. 故障原因

电磁干扰经 CAN 通道进入列控主机柜致使列控中心双系宕机，同时将Ⅱ系电源板、CF 卡冲击损坏。进一步查找原因是列控主机单元未按设计要求采用浮地方式，地电位反击和干扰通过地线进入列控中心。更改接地方式后未再发生类似故障。

三、列控中心 LEU 在施工后发送默认报文故障

1. 故障现象

动车组经过××站 BX16 应答器后接收 LEU 默认报文，影响正常行车。

2. 分析处理

(1)在分线盘测试 BX16 应答器报文计数器为 0,为 LEU 默认报文。重启控制 BX16 的 LEU12 的 CI-TIU 通信板后恢复发送正常报文。

(2)因施工进行复联试验,新修改的列控中心软件新增了 LEU12 的 SDA、SDB 口有源应答器配置,列控中心采用固定数组长度向 LEU 发送应答器数据。施工结束,回退旧版列控中心软件后,不再发送 SDA、SDB 的报文,但 CI-TIU 板仍按照固定长度接收及发送数据,导致 LEU 认为 CI-TIU 始终处于数据未发送完毕的状态。依据故障—安全原则,LEU 发送默认报文,直至重启 CI-TIU 板后刷新数据的固定长度才能恢复正常。

3. 故障原因

列控中心软件修改试验完毕回退后,LEU12 控制的有源应答器数量减少,因没有重启 CI-TIU 板,导致 CI-TIU 板仍按照新软件固定长度接收和发送数据,在接收老软件数据后引起 LEU12 发送默认报文。在后续的施工作业中要注意设备的重启恢复。

四、列控中心改方向失败故障

1. 故障现象

某日,某高速线 B 站－A 站间上行线(XF-S)无法由反方向恢复正方向。

2. 分析处理

(1)在确保操作正确的基础上,先判断目的接车站动作是否完成(通过 ZGFJ、FGFJ、FJ),目的接车站未完成动作(变为接车方向)前,目的发车站电路不动作。

(2)检查、振动、更换所需改方方向口所对应区段的 FQJ,再尝试进行改方操作。

(3)更换机柜内方向电路采集板后,再尝试进行改方操作。

(4)在日常改方试验中,改方向动作过程在 8 s 以内完成,为正常操作;超过 8 s 但未到 13 s 会出现“区间方向不一致”报警信息,但是能完成改方向动作;超过 13 s 则说明改方向失败。

(5)在 TCC 维护终端日常巡视时,发现“区间方向不一致”报警信息时要及时复制数据让厂家进行分析,及时解决改方向故障隐患。

(6)TCC 正常改方流程图如图 4-9 所示,辅助改方流程图如图 4-10 所示。

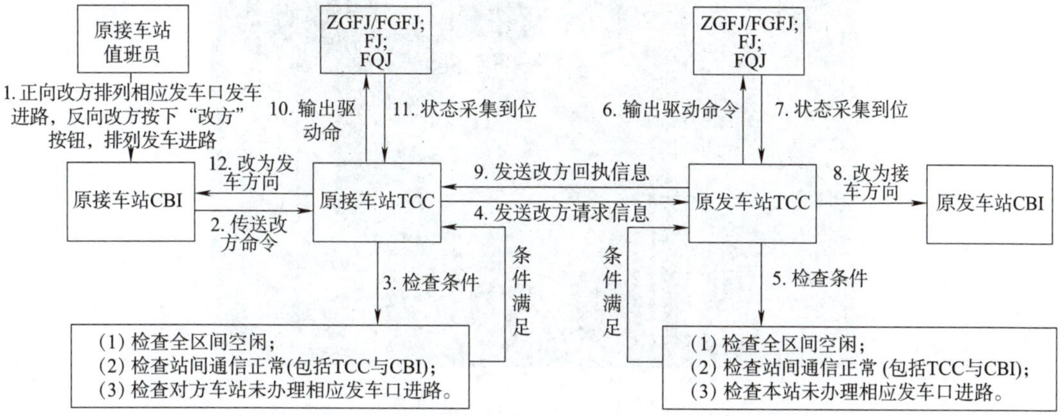

图 4-9　正常改方流程图

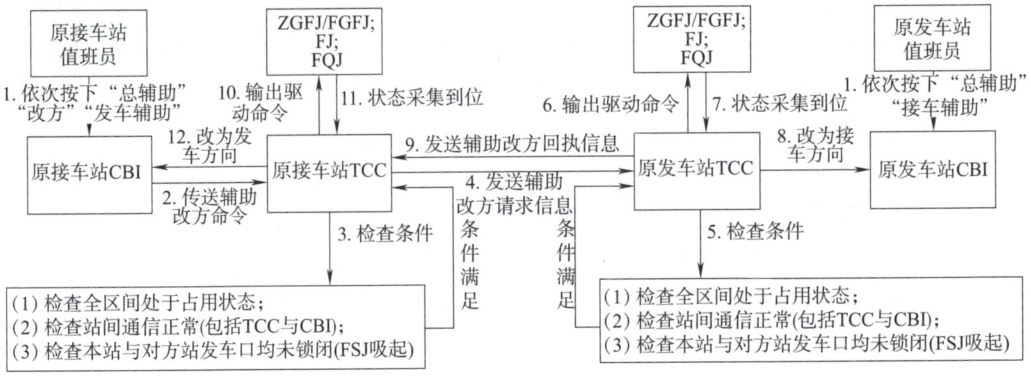

图 4-10 辅助改方流程图

3. 故障原因

FQJ 串采回路中的 6 台继电器有 1 台后接点接触电阻超标，导致改方失败(见图4-11)。

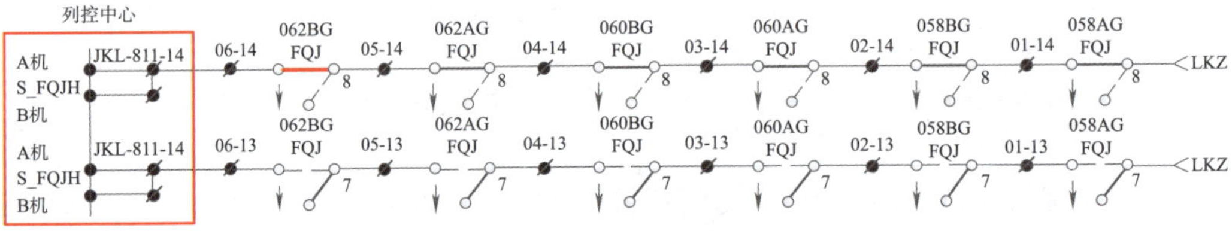

图 4-11 FQJ 采集电路图

五、列控主机单系板卡故障

1. 故障现象

××站列控中心Ⅰ系 F486-4 板上 ERR 灯异常点亮红灯(见图 4-12)，列控中心在Ⅱ系工作。

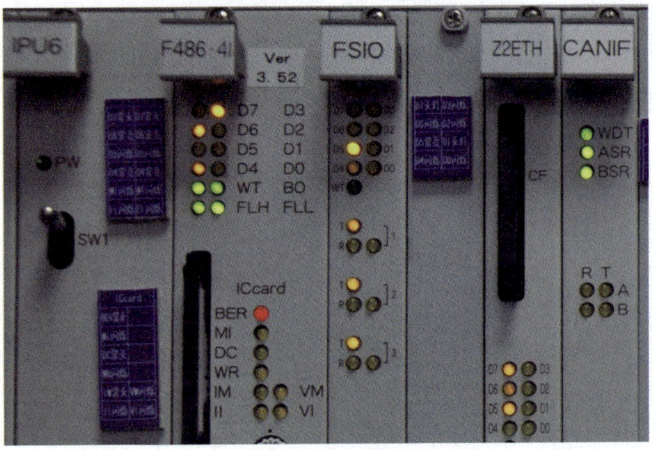

图 4-12 F486 板卡故障

2. 分析处理

(1)记录停机状态下 F486-4、FSIO、CAINIF、VHSC6 面板指示灯状态与使用说明是否一致。

(2)在 F486-4 板插入 CF 卡的情况下，将故障机的电源开关扳下，重新扳起加电，未恢复正常。

(3)更换Ⅰ系 F486-4 板后设备恢复正常。

3. 故障原因

Ⅰ系 F486-4 板硬件故障。

六、主发送器故障引起 CAN 总线短路故障

1. 故障现象

××线××中继站区间移频轨道电路多处红光带。

2. 分析处理

(1)现场确认红光带区段在同一移频柜 Y2 内，列控中心轨道电路通信接口板(CI-TC)工作灯亮红灯，其他各板卡指示灯状态均正常。

(2)现场更换 CI-TC 板不能恢复正常，甩开 CAND、CANE 总线后板卡报警消失，测试输出电压正常。

(3)关掉 Y2 架所有发送、接收断路器，CI-TC 板工作正常，然后逐个开启发送、接收器电源，当开启至 0709BG 主发送时 CAND、CANE 总线通信出现异常，通信接口板(CI-TC)工作灯亮红灯。

(4)更换 0709BG 主发送器后，故障现象消失。

3. 故障原因

0709BG 主发送器内部通信模块故障，导致 CAND、CANE 总线短路，从而影响到本移频柜的所有移频轨道电路出现红光带。

七、列控中心与 LEU 通信故障

1. 故障现象

××线××站多趟动车组在×侧线股道出站有源应答器接收默认报文。

2. 分析处理

通过 DMS 终端，查询到动车组收到报文帧头中报文计数器 M_MCOUNT＝0，收到应答器信息为 LEU 的默认报文，代表 LEU 与列控中心通信中断，可能导致故障的是应答器报文实时编码板 TIU 故障、CAN 总线断线、LEU 的输入接口故障等。检查时发现对应两块 TIU 通信板表示灯闪烁异常，重启 TIU 板后恢复正常。

3. 故障原因

经过对 LEU 至列控中心通道检查，发现为通信板 TIU 板工作异常。

八、列控中心Ⅰ系离线故障

1. 故障现象

××线××站列控中心Ⅰ系处于离线状态，监测终端显示该系均灰色和无信息状态，

F486 板显示 D7 灯亮灯、BER 灯红灯报警(见图 4-13)。

图 4-13　列控中心Ⅰ系离线

2. 分析处理

查看列控中心维护终端显示Ⅰ系均处于灰色和无信息状态,Ⅰ系宕机离线,在Ⅰ系插入 IC 卡的前提下重启Ⅰ系后故障恢复。

3. 故障原因

因列控中心Ⅰ系程序运行异常造成Ⅰ系停机并处于离线状态,重启该系或更换 F486 板即恢复正常工作。

九、列控中心 PIO 板故障

1. 故障现象

××线××站列控中心监测终端显示第一块 PIO 板处于红灯报警状态(见图 4-14)。

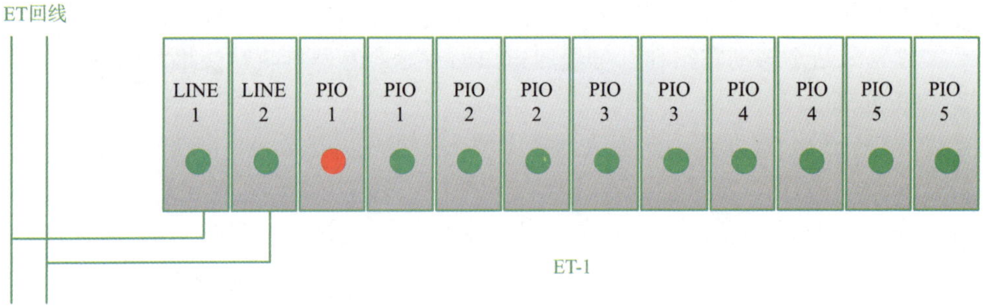

图 4-14　列控中心 PIO 板故障报警示意

2. 分析处理

列控中心输入输出板采用并列二重系结构,单系 PIO 板故障不影响系统的工作,处理时可检查该 PIO 板供电电源是否正常、PIO 板“SYSTEM”灯、“NORMAL”灯指示是否正常,重启或更换 PIO 故障恢复。

3. 故障原因

输入输出接口单元 PIO 板工作异常,重启后恢复正常。

十、列控中心 ET-LINE 板故障

1. 故障现象

××线××站列控中心监测终端显示某系多块 ET-PIO 板处于红灯报警状态(见图 4-15)。

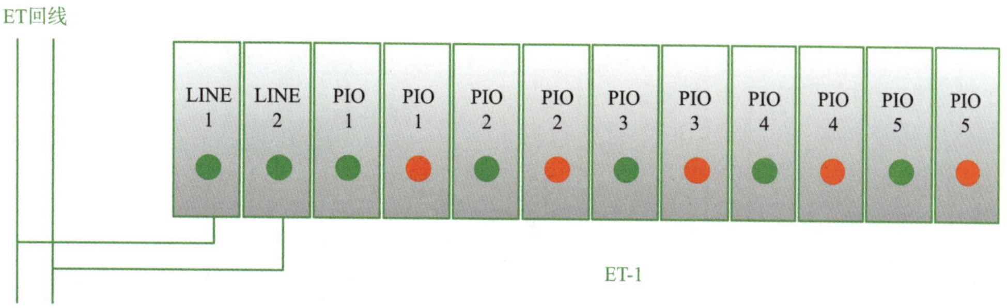

图 4-15　列控中心多块 PIO 板故障报警示意

2. 分析处理

列控中心输入输出接口单元 ET-LINE 板实现列控主机与 PIO 板之间串行通信的作用,实现继电器控制条件的输出和各采集条件的输入。正常情况下多块 PIO 板不会同时故障,ET-LINE 板工作异常或故障能够导致单系多块 PIO 板故障报警,重启或更换 ET-LINE 板后故障恢复。

3. 故障原因

输入输出接口单元 ET-LINE 板工作异常,更换 ET-LINE 板后恢复正常。

十一、列控中心 CI-TIU 板故障

1. 故障现象

××线××站列控中心监测终端显示 CAN 总线至 CI-TIU 板间、CI-TIU 板与 LEU 间通道灰色报警,连接示意如图 4-16 所示。

2. 分析处理

列控中心通信接口单元 CI-TIU 板实现应答器报文的实时编码和 LEU 数据通信的功能,当监测维护终端显示 CI-TIU 板 CAN 总线和 RS422 串行总线灰色时表明 CI-TIU 板与列控中心及 LEU 间通信中断,应检查 CI-TIU 板电源供电、板卡工作是否正常。

3. 故障原因

通信接口单元 CI-TIU 板工作异常,重启 CI-TIU 板后报警消失,设备恢复正常。

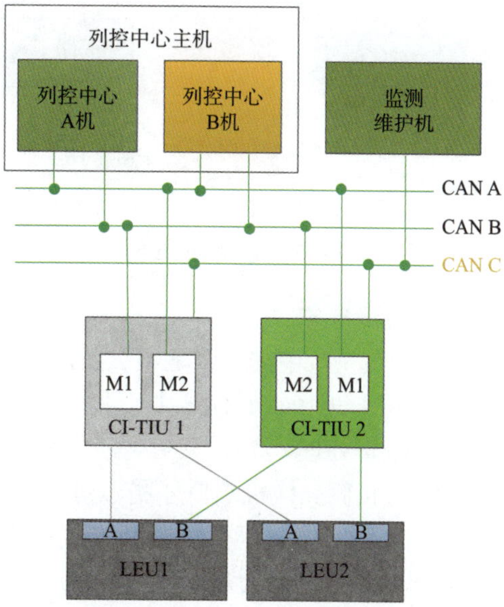

图 4-16　列控中心 CI-TIU 板故障报警示意

十二、列控中心 CI-GS 板故障

1. 故障现象

××线××站列控中心监测终端显示通信接口板(CI-GS 板)与 CTC 两系间通道红色报警(见图 4-17)。CTC 设备工作正常,报警不影响行车。

2. 分析处理

列控中心监测维护终端显示 CI-GS 板与 CTC 通道红色报警时应检查 CI-GS 板供电状态,航空插头是否松动,CI-GS 板工作是否正常。

3. 故障原因

CI-GS 板 RS422 串口总线航空插头(连接及航插示意见图 4-18)松动,重新插接后报警恢复设备正常工作。

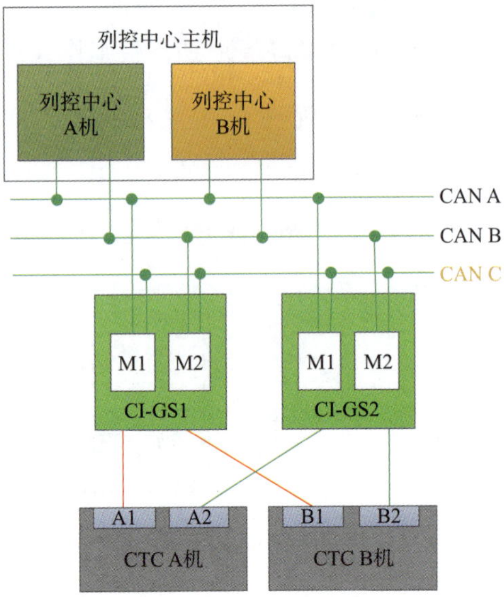

图 4-17　列控中心 CI-GS 板故障报警示意

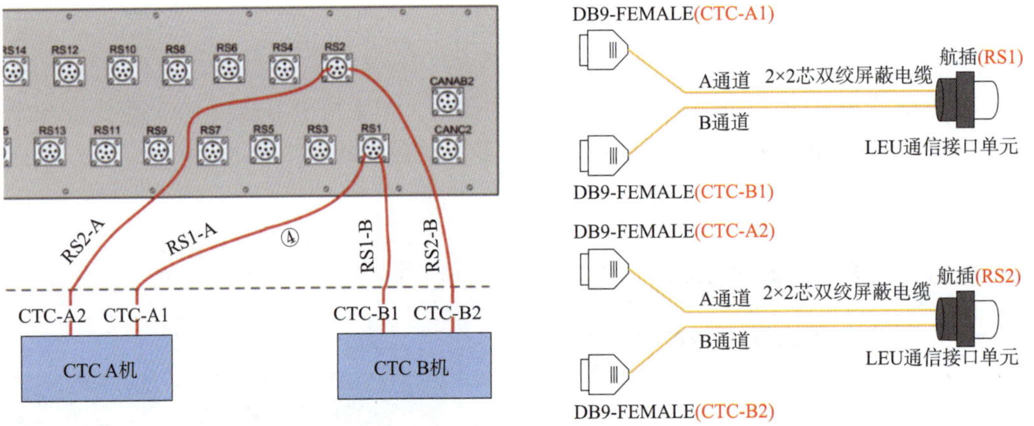

图 4-18　使用航插与 CTC 连接示意

十三、列控中心以太网故障

1. 故障现象

××线××中继站监测报警:列控中心 B 机与主站 B 通道逻辑状态故障,不影响设备的正常使用,现场查看列控中心Ⅱ系 Z2ETH 板以太网 B 通道端口绿色指示灯不亮。

2. 分析处理

检查 R 侧交换机端口 4 指示灯灭灯不闪烁,列控中心Ⅱ系 Z2ETH 板以太网 B 通道端口绿色指示灯灭灯说明 Z2ETH 板与 R 侧交换机 RJ45 接口不能连通,更换两者间超 5 类屏蔽双绞以太网线报警恢复。

3. 故障原因

列控中心通过 Z2ETH 板接入信号安全数据网,原理图如图 4-19 所示。此次故障是由

于列控中心Ⅱ系 Z2ETH 板与交换机间双绞以太网线断线或水晶头接触不良，造成监测报警。

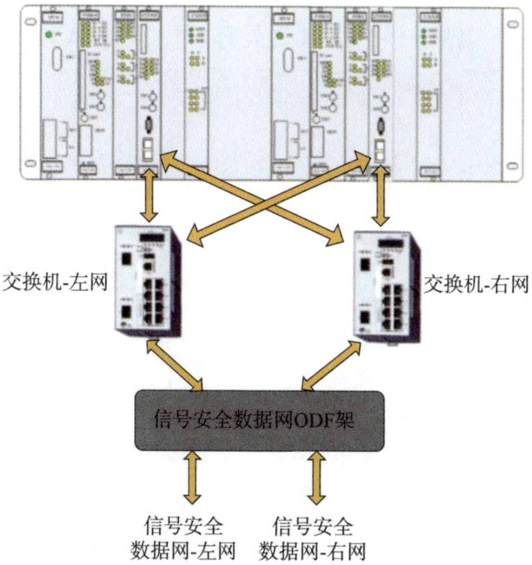

图 4-19　列控中心接入信号安全数据网原理

十四、列控中心与临时限速服务器通信单通道中断故障

1. 故障现象

××站 TCC 与 TSRS 通道单通中断报警，连接表示灯为黄色（见图 4-20）。

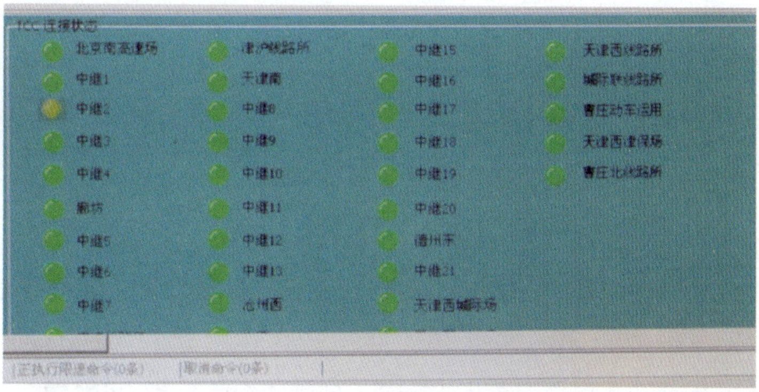

图 4-20　列控中心与 TSRS 单通道连接

2. 分析处理

检查 TCC 与 TSRS 通信连接，检查 TCC、TSRS 网线，检查交换机指示灯，发现其中一处指示灯不亮，经检查为交换机的电口连接 RJ45 电缆插接不良。

3. 故障原因

电缆 RJ45 接头插接不良造成单通道中断报警。

十五、LEU 电缆通道干扰故障

1. 故障现象

某日，××次列车在××站下行进站口丢失有源应答器，ATP 转部分监控模式，由于进站后收到 HU 码，ATP 输出紧急制动停车，通过重启列控中心 LEU 后恢复。

2. 分析处理

通过对 LEU 的 LOG 数据进行分析，发现 LEU 至 BX 应答器通道阻抗曾在短时间内出现频繁变化，判断报文丢失是由于通道阻抗变化造成。

3. 故障原因

经过详细检查，列控中心、LEU、应答器电压、电流、高度、安装尺寸均符合要求，通过检查发现主要问题是 LEU 电缆只有外屏蔽层在分线盘接地，但内屏蔽层及泄流线(两根小钢线)未接地，不符合相关技术规范，应答器传输通道受干扰后造成列车接收不到相关信息。

十六、LEU 电源故障导致有源应答器发送默认报文故障

1. 故障现象

××次列车运行至××线路所下行进站处，收到有源应答器默认报文，触发动车组紧急制动停车。

2. 分析处理

查看 DMS 数据，发现动车组在××公里处，触发紧急制动停车。通过 DMS 应答器回放发现，列车在经过××有源应答器时，报文中存在默认报文包(252 包)，确认为地面 LEU 故障。

查看列控维护机报警信息，发现列控中心与 LEU1、LEU1 与连接的应答器状态显示故障，查看 LEU1 发现电源指示灯熄灭，确认故障原因为 LEU1 电源板故障。最终更换新电源板后，故障彻底恢复。

3. 故障原因

LEU 电源板故障造成 LEU 不能正常工作。

十七、LEU 雷击故障造成有源应答器默认报文停车

1. 故障现象

××站始发的××次列车，在通过××级间切换点后，触发紧急制动停车。

2. 分析处理

××站列控中心 LEU1 故障，出站口有源应答器发送默认报文，级间切换后 ATP 转为“部分监控模式”(限速 45 km/h)，触发紧急制动停车。

3. 故障原因

因当时××地区曾出现雷雨天气，LEU1 遭雷击故障造成应答器发送默认报文。

十八、尾缆断裂造成有源应答器发送默认报文

1. 故障现象

××线某车站，侧线发车 S4 出站，列车通过出站口有源应答器时，收到 C5 包(绝对停车)后停车。

2. 分析处理

电务人员到达现场后，断开 BS4 应答器尾缆，从室外测试相关 LEU 端口电压，未见异常，恢复尾缆连接后，故障恢复。

3. 故障原因

根据车载数据分析，收到 BS4 有源报文计数器为 252，包含 C5 包；根据地面监测记录，该场景 TCC 对 BS4 有源报文编码结果，报文计数器为 252，不含 C5 包，为正常进路报文。综合可判断故障时车上收到为 BS4 有源默认报文。经检查确认故障点在 BS4 尾缆接头，对尾缆拆解重装后故障排除。

十九、LEU 切换继电器故障

1. 故障现象

××次列车在××中继站××处收到有源应答器默认报文，ATP 转部分监控模式(限速 45 km/h)。

2. 分析处理

查看列控维护终端显示 LEU1 端口 2 故障，通过 DMS 应答器回放发现，列车在经过××有源应答器时，报文中存在默认报文包(252 包)，确认为地面 LEU 故障，或者 LEU 端口 2 至有源应答器间通道故障。用报文读写器测试列控中心 TB 端子、LEU 切换继电器输入、输出端子、分线盘，发现 LEU 切换继电器(见图 4-21)输入有信息，输出无信息。更换 LEU 切换继电器，故障恢复。

图 4-21　LEU 切换继电器

3. 故障原因

LEU 切换继电器故障，应答器传输通道中断造成列车收到有源应答器默认报文。

二十、接收有源应答器默认报文停车

1. 故障现象

××线××站开放侧线接车信号，动车组运行至下行进站信号机处时，动车组 ATP 转入 PS 模式，输出最大常用制动停车。

2. 分析处理

通过查看动车组 PC 卡及 DMS 数据：下行进站口应答器电文计数器(M_MCOUNT)为

252，说明动车组接收到有源应答器组默认报文。

3. 故障原因

上线检查发现进站处应答器尾缆遭冰砸断裂，如图 4-22 所示，造成动车组 ATP 接收到进站有源应答器默认报文，运行到无码区段时 ATP 输出 B7 级制动，并转为 PS 部分监控模式。

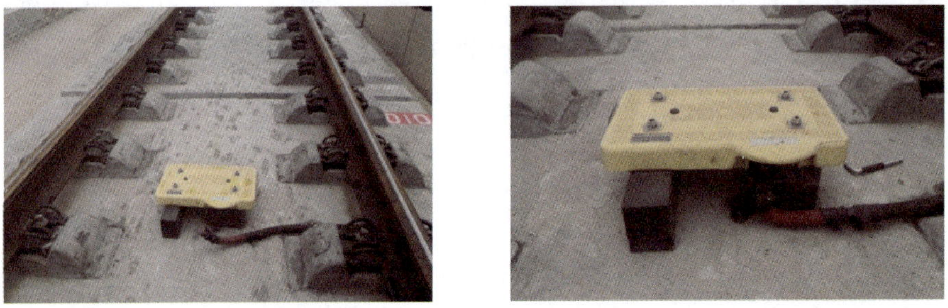

图 4-22 应答器尾缆断裂及修复照片

二十一、采集电路故障导致异物侵限防护

1. 故障现象

某日，某客运专线中继站列控中心故障导致下行线 5 号、7 号信号机和上行线 6 号、4 号信号机亮红灯，码序发红码(见图 4-23)。

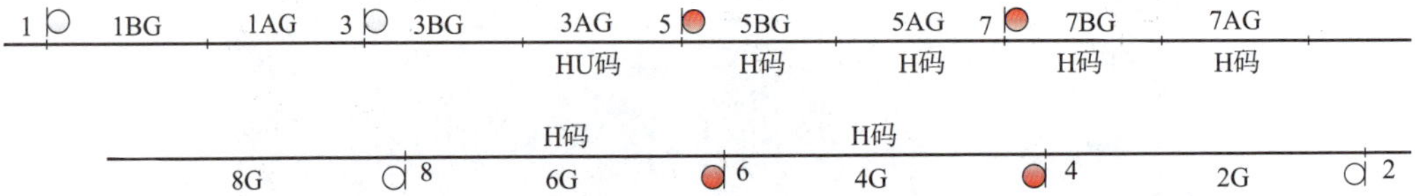

图 4-23 故障区段点灯及发码示意

2. 分析处理

(1)经检查测试，智能电源屏模块输出的 24 V 电源正常，调阅电压正常。

(2)检查列控中心等设备工作正常，调阅列控中心维护终端故障时的报警信息已恢复，天窗点调阅时无报警信息。

(3)在区间综合架零层测试列控采集电源断路器，接通时两端子间在 24～17.5 V 间跳动变化。将该断路器断开后，现象与故障时的现象一致，与列控维护终端的报警信息相同；闭合断路器后，故障现象消失。

(4)将该断路器甩下进行测试，接通时电阻在无穷大至 28.3 Ω 间波动(拨开关及晃动测试)。与备品特性比较，确认为组合架使用的断路器接触不良，为半开路故障。

(5)更换故障断路器，故障彻底恢复。

3. 故障原因

综合架零层的列控采集电源断路器故障，列控中心未能采集到异物侵限继电器状态，列控中心控制相关信号机点红灯、轨道发 H 码防护。

附录 A　列控中心应答器报文发送原则

表 A.1　列控中心应答器报文发送原则

CBI	TSRS	应答器报文发送			
		进站口	出站口	到发线股道(反向出站)	到发线股道(正向出站)
进站信号开放	通信正常	发送正常进路和限速报文	发送正常限速报文	1. 侧向发车出站信号开放时发送发车方向进路报文； 2. 直向发车出站信号开放时发送绝对停车报文； 3. 出站信号关闭时发送绝对停车报文	1. 侧向发车出站信号开放时发送正常进路报文和限速报文； 2. 直向发车出站信号开放时发送允许通过报文； 3. 出站信号关闭时发送绝对停车报文
进站信号开放	未初始化	1. 正线进路时发送 TCC 默认报文； 2. 侧线进路时发送限速 45 km/h 进路报文	发送 TCC 默认报文	1. 侧向发车出站信号开放时发送发车方向进路报文； 2. 直向发车出站信号开放时发送绝对停车报文； 3. 出站信号关闭时发送绝对停车报文	发送 TCC 默认报文
信号开放	通信故障	发送进路报文，维持限速报文不变	维持限速报文不变	1. 侧向发车出站信号开放时发送发车方向进路报文； 2. 直向发车出站信号开放时发送绝对停车报文； 3. 出站信号关闭时发送绝对停车报文	1. 侧向发车出站信号开放时发送正常进路报文和限速报文(限速维持不变)； 2. 直向发车出站信号开放时发送允许通过报文； 3. 出站信号关闭时发送绝对停车报文
信号关闭	未初始化	发送绝对停车报文	发送 TCC 默认报文	发送绝对停车报文	发送绝对停车报文
信号关闭	正常	发送绝对停车报文	区间方向为发车方向发送正常限速报文	发送绝对停车报文	发送绝对停车报文
信号关闭	通信故障	发送绝对停车报文	维持限速报文不变	发送绝对停车报文	发送绝对停车报文
通信故障	未初始化	发送 TCC 默认报文	发送 TCC 默认报文	发送 TCC 默认报文	发送 TCC 默认报文
通信故障	正常	发送 TCC 默认报文	发送正常限速报文	发送 TCC 默认报文	发送 TCC 默认报文
通信故障	通信故障	发送 TCC 默认报文	维持限速报文不变	发送 TCC 默认报文	发送 TCC 默认报文

附录B　列控中心有源应答器报文分配原则

表 B.1　进站有源应答器报文分配

应答器类型		用户信息报文包										
		信息帧	应答器链接 ETCS-5	线路速度 ETCS-27	特殊区段 ETCS-68	调车危险 ETCS-132	目视行车危险 ETCS-137	默认报文 ETCS-254	轨道区段 CTCS-1	临时限速 CTCS-2	大号码道岔 CTCS-4	绝对停车 CTCS-5
JZ	正线接车信号开放	√	√							√		
	侧向接车信号开放	√	√	√	√				√	√		
	正向接车方向信号关闭	√				√	√					√
	反向发车方向	√	√							√		
	默认报文	√					√	√				
FJZ	正线接车信号开放	√	√							√		
	侧向接车信号开放	√	√	√	√				√	√		
	反向接车方向信号关闭	√				√	√					√
	正向发车方向	√	√							√		
	默认报文	√					√	√				

表 B.2 出站有源应答器报文分配

应答器类型		用户信息报文包										
		信息帧	应答器链接 ETCS-5	线路速度 ETCS-27	特殊区段 ETCS-68	调车危险 ETCS-132	目视行车危险 ETCS-137	默认报文 ETCS-254	轨道区段 CTCS-1	临时限速 CTCS-2	大号码道岔 CTCS-4	绝对停车 CTCS-5
CZ	直向发车信号开放	√	√	√	√				√	√		
	侧向发车信号开放	√	√	√	√				√	√		
	发车进路信号关闭	√				√	√					√
	正线出站默认报文	√					√	√				
	侧线出站默认报文	√				√	√	√				√
FCZ	发车进路信号开放	√	√	√	√				√	√		
	发车进路信号关闭	√				√	√					√
	正线出站默认报文	√					√	√				
	侧线出站默认报文	√				√	√	√				√

表 B.3　中继站有源应答器报文分配

应答器类型		用户信息报文包										
		信息帧	应答器链接 ETCS-5	线路速度 ETCS-27	特殊区段 ETCS-68	调车危险 ETCS-132	目视行车危险 ETCS-137	默认报文 ETCS-254	轨道区段 CTCS-1	临时限速 CTCS-2	大号码道岔 CTCS-4	绝对停车 CTCS-5
ZJ1/ZJ2	正向	√								√		
	反向	√								√		
	默认报文	√						√				

表 B.4　大号码道岔有源应答器报文分配

应答器类型		用户信息报文包										
		信息帧	应答器链接 ETCS-5	线路速度 ETCS-27	特殊区段 ETCS-68	调车危险 ETCS-132	目视行车危险 ETCS-137	默认报文 ETCS-254	轨道区段 CTCS-1	临时限速 CTCS-2	大号码道岔 CTCS-4	绝对停车 CTCS-5
DD	大号码道岔	√									√	
	默认报文	√						√				

表 B.5 调车有源应答器报文分配

应答器类型		用户信息报文包										
		信息帧	应答器链接 ETCS-5	线路速度 ETCS-27	特殊区段 ETCS-68	调车危险 ETCS-132	目视行车危险 ETCS-137	默认报文 ETCS-254	轨道区段 CTCS-1	临时限速 CTCS-2	大号码道岔 CTCS-4	绝对停车 CTCS-5
DC（位于列车进路）	调车信号开放	√										
	调车信号关闭	√				√	√					
	默认报文	√				√		√				
DC（位于非列车进路）	调车信号开放	√										
	调车信号关闭	√				√	√					√
	默认报文	√				√	√	√				√

附录C 列控中心有源应答器报文核对方法

列控中心有源应答器报文一般由信息帧帧头、应答器链接包【ETCS-5】、线路速度包【ETCS-27】、轨道区段包【CTCS-1】、临时限速包【CTCS-2】、绝对停车包【CTCS-5】、调车危险包【ETCS-132】、目视行车危险包【ETCS-137】和特殊区段包【ETCS-68】等组成。

1. 应答器报文分无进路报文和进路报文两种。无进路报文指没有进路时，列控中心向 LEU 发送的报文。无进路报文分为两种：停车报文、默认报文；进路报文指有进路时，列控中心向 LEU 发送的报文，通常分为正线接车报文、侧线接车报文、弯进直出接车报文、发车报文、预告报文、允许通过报文和区间报文。

2. 核对报文时，需要的工程数据表有："进路信息表""应答器位置表""线路数据表""线路速度表(正反向)""过分相信息表""里程断链信息表""车站临时限速管辖范围表"等。

一、信息帧帧头核对

表 C.1 信息帧帧头

2018-10-1 10:40:28 信息帧帧头			
信 息 项	位数	变量值	内容说明
信息传送的方向	1	1	地对车传送
语言/代码版本版本	7	16	V1.0
信息传输媒介	1	0	应答器
本应答器在应答器组中的位置	3	2	在应答器组中的位置为 3
应答器组中所包含的应答器数量	3	2	应答器组总数为 3
本应答器信息与前/后应答器信息的关系	2	0	不同
报文计数器	8	255	答器报文适用于同组所有应答器
地区编号	10	555	大区编号 69,分区编号 3
应答器(组)编号	14	14 351	车站编号 56,应答器编号 15
应答器(组)的链接关系	1	1	被链接

注：需要重点核对的部分用阴影标注。

（1）信息传送的方向：所有有源应答器报文信息传送方向均为“地对车传送”，变量值为“1”。

（2）报文计数器：报文计数器变量值有 0、252、253、255 四种，报文计数器禁用 254。0 表示该报文为 LEU 默认报文；252 表示该报文为有源应答器默认报文；253 表示该报文为列控中心默认报文，255 表示该报文为正常情况下列控中心有源报文。

（3）应答器编号信息：该部分信息由“应答器位置表”中查得，如下表阴影部分。

序号	应答器名称	应答器编号	里程	设备类型	用途	车站名称	备注	NID_BG
13	BX-1	069-3-56-015-1	K627＋244	无源	JZ	×××站		14 351
14	BX-2	069-3-56-015-2	K627＋249	无源	JZ	×××站		14 351
15	BX-3	069-3-56-015-3	K627＋254	有源	JZ	×××站	T1	14 351
16	BSI-1	069-3-56-017-1	K627＋868	无源	FCZ	×××站		14 353
17	BSI-2	069-3-56-017-2	K627＋873	无源	FCZ	×××站		14 353

说明：大区编号 69、分区编号 3、车站编号 56、应答器编号 15、应答器组内位置 3，顺序对应着应答器表中 069-3-56-015-3。

二、应答器链接包【ETCS-5】核对

表 C.2 应答器链接包【ETCS-5】

2018-10-1 11:06:30 应答器连接 ETCS-5			
信 息 项	位数	变量值	内容说明
信息包标识码	8	5	信息包标识码＝00000101
验证方向	2	1	正向
信息包位数	13	225	位
距离/长度分辨率	2	1	1 m
到下一个链接应答器(组)距离	15	624	米(m)
下一组链接应答器(组)与前一个的地区关系	1	0	相同

续上表

2018-10-1　11:06:30 应答器连接 ETCS-5			
信 息 项	位数	变量值	内容说明
地区编号	10	0	大区编号 0,分区编号 0
应答器(组)编号(下一个应答器)	14	14 353	车站编号 56,应答器编号 17
列车通过被链接应答器(组)时的运行方向	1	1	正向
当连接失败时,ATP 采取的措施	2	2	没有反应
链接应答器允许的安装偏差	6	5	米(0～±63 m,分辨率=1 m)
包含链接应答器(组)数量	5	4	个
到下一个链接应答器(组)的距离增量	15	357	米(m)
下一个链接应答器(组)与前一个的关系	1	0	相同
地区编号	10	0	大区编号 0,分区编号 0
应答器(组)编号	14	14 355	车站编号 56,应答器编号 19
列车通过被链接应答器(组)时的运行方向	1	1	正向
当链接失败时,ATP 采取的措施	2	2	没有反应
链接应答器允许的安装偏差	6	5	米(0～±63 m,分辨率=1 m)
到下一个链接应答器(组)的距离增量	15	350	米(m)
下一个链接应答器(组)与前一个的关系	1	0	相同
地区编号	10	0	大区编号 0,分区编号 0
应答器(组)编号	14	14 357	车站编号 56,应答器编号 21
列车通过被链接应答器(组)时的运行方向	1	1	正向
当链接失败时,ATP 采取的措施	2	2	没有反应
链接应答器允许的安装偏差	6	5	米(0～±63 m,分辨率=1 m)

注:需要重点核对的部分用阴影标注。

(1)验证方向:进路经过该应答器时的走向如果与线路上/下行方向一致,即为正向,与线路上/下行方向不一致,即为反向。

(2)应答器链接:核对应答器链接包,需用到"进路信息表",如下表阴影部分。

序号	应答器编号	联锁进路编号	进路	进路类型	始端信号机		终端信号机名称	经过应答器	道岔	线路速度	轨道区段
					名称	显示		应答器组单元编号/链接距离		速度(km/h)/长度(m)	长度/载频/信号机类型/名称
1	69-3-56-015-3	1	至Ⅰ股道	正线接车	X	—	Ⅺ	017/624,019/357,021/350	1/3、11	380/1326	276/1700-2/没有信号机/1DG;278/2300-1/没有信号机/11DG;417/1700-1/没有信号机/ⅠG1;355/2300-2/出站信号机/ⅠG2

说明:"经过应答器"一栏中,017/624 表示链接的第一个应答器编号是 17,链接的距离为 624 m,以此类推。

需注意,大区编号 0 分区编号 0 表示所链接的应答器与发送该报文的应答器在同一个大区、同一个分区中。

三、线路速度包【ETCS-27】核对

(一)对于侧线接车进路报文的线路速度包

表 C.3　对于侧线接车进路报文的线路速度包

2018-10-1　11:00:18 线路速度 ETCS-27			
信 息 项	位数	变量值	内容说明
信息包标识码	8	27	信息包标识码=00011011
验证方向	2	1	正向
信息包位数	13	86	位
距离/长度分辨率	2	1	1 m
到下一个速度变化点的距离	15	40	米(m)
线路最大允许列车运行速度	7	16	80 km/h
允许运行速度对车头、车尾的有效性	1	0	由车载设备确定头尾有效性
包含列车类型数量	5	0	个
包含速度变化点数量	5	1	个

续上表

2018-10-1 11:00:18 线路速度 ETCS-27			
信 息 项	位数	变量值	内容说明
到下一个速度变化点的距离增量	15	1 239	米(m)
线路最大允许列车运行速度	7	127	127=非数字值，当前线路速度的描述在 D_STATIC(k)结束
允许运行速度对头尾的有效性	1	0	尾有效
包含列车类型的数量	5	0	个

(1)验证方向：进路经过该应答器时的走向如果与线路上/下行方向一致，即为正向，与线路上/下行方向不一致，即为反向。

(2)到下一个速度变化点的距离：40。40 为接车应答器到进站信号机间的距离。

(3)到下一个速度变化点的距离增量：1 239。查找“进路信息表”线路速度一栏，如下表阴影部分。

序号	应答器编号	联锁进路编号	进路	进路类型	始端信号机		终端信号机名称	经过应答器	道岔	线路速度	轨道区段
					名称	显示		应答器组单元编号/链接距离		速度(km/h)/长度(m)	长度/载频/信号机类型/名称
3	69-3-56-015-3	3	至3股道	侧线接车-1	X	UUS	X3	071/696、073/285、075/273	1/3、(11)、13	380/392、80/847	276/1700-2/没有信号机/1DG；228/2300-1/没有信号机/11DG；132/1700-2/没有信号机/13DG；603/2300-1/出站信号机/3G

说明：“线路速度”一栏中 380/392、80/847，本条报文将两个长度合并：392+847=1 239。

(二)对于侧线发车进路报文的线路速度包

表 C.4 对于侧线发车进路报文的线路速度包

2018-10-1 11:05:11 线路速度 ETCS-27			
信 息 项	位数	变量值	内容说明
信息包标识码	8	27	信息包标识码=00011011
验证方向	2	0	反向
信息包位数	13	114	位

续上表

2018-10-1 11:05:11 线路速度 ETCS-27			
信 息 项	位数	变量值	内容说明
距离/长度分辨率	2	1	1 m
到下一个速度变化点的距离	15	20	米(m)
线路最大允许列车运行速度	7	16	80 km/h
允许运行速度对车头、车尾的有效性	1	0	由车载设备确定头尾有效性
包含列车类型数量	5	0	个
包含速度变化点数量	5	2	个
到下一个速度变化点的距离增量	15	244	米(m)
线路最大允许列车运行速度	7	50	250 km/h
允许运行速度对头尾的有效性	1	0	由车载设备确定头尾有效性
包含列车类型的数量	5	0	个
到下一个速度变化点的距离增量	15	4 179	米(m)
线路最大允许列车运行速度	7	127	127=非数字值，当前线路速度的描述在 D_STATIC(k)结束
允许运行速度对头尾的有效性	1	0	由车载设备确定头尾有效性
包含列车类型的数量	5	0	个

注：需要重点核对的部分用阴影标注。

(1)验证方向：进路经过该应答器时的走向如果与线路上/下行方向一致，即为正向，与线路上/下行方向不一致，即为反向。

(2)到下一个速度变化点的距离：20。20 为发车应答器到出站信号机间的距离。

(3)到下一个速度变化点的距离增量：244。查“进路信息表”线路速度一栏，即得80 km/h区段长度为 244 m。

序号	应答器编号	联锁进路编号	进路	进路类型	始端信号机		终端信号机名称	经过应答器	道岔	线路速度	轨道区段
					名称	显示		应答器组单元编号/链接距离		速度(km/h)/长度(m)	长度/载频/信号机类型/名称
12	69-3-56-071-1	12	由3股道	发车	S3	—	X	—	13、(11)、1/3	80/244、300/392	132/1700-2/没有信号机/13DG；228/2300-1/没有信号机/11DG；276/1700-2/出站口/1DG

（4）到下一个速度变化点的距离增量：4 179。查“线路速度表”中，在本站应答器管辖范围内速度为 300 km/h 线路长度，与上表中 392 合并即得 4 179，由于该进路方向为区间反向，故最高速度降为 250 km/h，如果进路方向为区间正向，则按 300 km/h 处理。

四、轨道区段包【CTCS-1】核对

表 C.5　轨道区段包【CTCS-1】

2018-10-1　11:00:00 轨道区段 CTCS-1			
信 息 项	位数	变量值	内容说明
信息包标识码	8	44	信息包标识码 00101100[ETCS-44]
验证方向	2	1	正向
信息包位数	13	333	位
信息包标识码	9	1	信息包标识码 0 0000 0001
验证方向	2	1	正向
信息包位数	13	310	位
长度分辨率	2	1	1 m
到前方第一架信号机或信号点的距离	15	40	米(m)
信号机类型或信号点类型	4	0	没有信号机
轨道区段载频	5	1	1 700 Hz
轨道区段长度	15	175	米(m)
包含轨道区段数	5	10	个
信号机或信号点类型	4	0	没有信号机
轨道区段载频	5	4	2 600 Hz
轨道区段长度	15	101	米(m)
信号机或信号点类型	4	0	没有信号机
轨道区段载频	5	2	2 000 Hz
轨道区段长度	15	278	米(m)
信号机或信号点类型	4	0	没有信号机

续上表

2018-10-1 11:00:00 轨道区段 CTCS-1			
信 息 项	位数	变量值	内容说明
轨道区段载频	5	4	2 600 Hz
轨道区段长度	15	417	米(m)
信号机或信号点类型	4	2	出站信号机
轨道区段载频	5	2	2 000 Hz
轨道区段长度	15	355	米(m)
信号机或信号点类型	4	0	没有信号机
轨道区段载频	5	4	2 600 Hz
轨道区段长度	15	333	米(m)
信号机或信号点类型	4	6	出站口
轨道区段载频	5	2	2 000 Hz
轨道区段长度	15	342	米(m)
信号机或信号点类型	4	0	没有信号机
轨道区段载频	5	4	2 600 Hz
轨道区段长度	15	646	米(m)
信号机或信号点类型	4	3	通过信号机
轨道区段载频	5	2	2 000 Hz
轨道区段长度	15	679	米(m)
信号机或信号点类型	4	0	没有信号机
轨道区段载频	5	4	2 600 Hz
轨道区段长度	15	970	米(m)
信号机或信号点类型	4	3	通过信号机
轨道区段载频	5	2	2 000 Hz
轨道区段长度	15	970	米(m)

注:需要重点核对的部分用阴影标注。

（1）验证方向：进路经过该应答器时的走向如果与线路上/下行方向一致，即为正向，与线路上/下行方向不一致，即为反向。

（2）轨道区段信息：核对该部分内容需要查找“进路信息表”和“线路数据表”。

“进路信息表”如下：

序号	应答器编号	联锁进路编号	进路	进路类型	始端信号机		终端信号机名称	经过应答器	道岔	线路速度	轨道区段
					名称	显示		应答器组单元编号/链接距离		速度(km/h)/长度(m)	长度/载频/信号机类型/名称
2	69-3-56-015-3	2	至Ⅱ股道	侧向接车-3	X	UUS	XⅡ	022/629、020/412、018/295	(1/3)、5/7	380/100、80/150、300/1076	175/1700-2/没有信号机/1DG；101/2600-2/没有信号机/3DG；278/2000-1/没有信号机/5DG；417/2600-1/没有信号机/ⅡG1；355/2000-2/出站信号机/ⅡG2

“线路数据表”如下：

序号	车站名	信号点				轨道区段		
		名称	信号点里程	信号点类型	绝缘节类型	名称	载频	长度
10	××站	XⅡ	K628+610	出站信号机	机械绝缘节	8DG	2600-2	333
11	××站		K628+943	没有信号机	机械绝缘节	4DG	2000-1	342
12	××站	S	K629+285	出站口	机械绝缘节	06306AG	2600-1	646
13	××站	F06300	K629+931	没有信号机	电气绝缘节	06306BG	2000-2	679
14	××站	06306	K630+610	通过信号机	电气绝缘节	06326AG	2600-2	970
15	××站	F06316	K631+580	没有信号机	电气绝缘节	06326BG	2000-1	970

说明：报文中阴影部分要与上面两表中的阴影部分对应一致。

五、临时限速包【CTCS-2】核对

(一)对于正线跨线接车报文临时限速包

表C.6　对于正线跨线接车报文临时限速包

2018-10-1　11:00:00 临时限速 CTCS-2			
信 息 项	位数	变量值	内容说明
信息包标识码	8	44	信息包标识码 00101100[ETCS-44]
验证方向	2	1	正向
信息包位数	13	107	位
信息包标识码	9	2	信息包标识码 0 0000 0010
验证方向	2	1	正向
信息包位数	13	84	位
距离/长度分辨率	2	1	1 m
临时限速信息有效区长度	15	2 161	米(m)
到临时限速区段的距离	15	0	米(m)
临时限速区段的长度	15	2 161	米(m)
限速对列车头、车尾的有效性	1	0	由车载设备确定头尾有效性
临时限速的临时限速	7	50	250 km/h
包含临时限速区段数	5	0	个

注:需要重点核对的部分用阴影标注。

(1)验证方向:进路经过该应答器时的走向如果与线路上/下行方向一致,即为正向,与线路上/下行方向不一致,即为反向。

(2)临时限速信息有效长度:该长度为进站口应答器(如BX)到发车口应答器(如BS)的距离再加80 m,需查找“进路信息表”和“线路数据表”。

“进路信息表”如下:

序号	应答器编号	联锁进路编号	进路	进路类型	始端信号机		终端信号机名称	经过应答器	道岔	线路速度	轨道区段
					名称	显示		应答器组单元编号/链接距离		速度(km/h)/长度(m)	长度/载频/信号机类型/名称
2	69-3-56-015-3	2	至Ⅱ股道	侧向接车-3	X	UUS	XⅡ	022/629、020/412、018/295	(1/3)、5/7	380/100、80/150、300/1076	175/1700-2/没有信号机/1DG；101/2600-2/没有信号机/3DG；278/2000-1/没有信号机/5DG；417/2600-1/没有信号机/ⅡG1；355/2000-2/出站信号机/ⅡG2

"线路数据表"如下：

序号	车站名	信号点				轨道区段		
		名　称	信号点里程	信号点类型	绝缘节类型	名　称	载　频	长　度
10	××站	XⅡ	K628+610	出站信号机	机械绝缘节	8DG	2600-2	333
11	××站		K628+943	没有信号机	机械绝缘节	4DG	2000-1	342

说明：上述两表中的阴影部分可查找到岔区和区间轨道区段长度，二者之和加上 BX 到前方 X 信号机的距离 40 m，再加上 S 信号机到 BS 应答器的距离 40 m，再加上 80 m，即 2 161 m。

(3)临时限速值：临时限速值应与线路速度包中的最大速度相同。

(二)对于正线接车及发车口应答器报文临时限速包

表 C.7　对于正线接车及发车口应答器报文临时限速包

2018-10-1　11:06:30 临时限速 CTCS-2			
信 息 项	位数	变量值	内容说明
信息包标识码	8	44	信息包标识码 00101100[ETCS-44]
验证方向	2	1	正向
信息包位数	13	107	位
信息包标识码	9	2	信息包标识码 0
验证方向	2	1	正向
信息包位数	13	84	位

续上表

2018-10-1 11:06:30 临时限速 CTCS-2			
信 息 项	位数	变量值	内容说明
距离/长度分辨率	2	1	1 m
临时限速信息有效区长度	15	26 822	米(m)
到临时限速区段的距离	15	26 722	米(m)
临时限速区段的长度	15	100	米(m)
限速对列车头、车尾的有效性	1	0	由车载设备确定头尾有效性
临时限速的临时限速	7	9	45 km/h
包含临时限速区段数	5	0	个

注:需要重点核对的部分用阴影标注。

(1)验证方向:进路经过该应答器时的走向如果与线路上/下行方向一致,即为正向,与线路上/下行方向不一致,即为反向。

(2)到临时限速区段的距离:查询“车站临时限速管辖范围表”中阴影部分。

车站	下 行					
	出站口有源应答器	信号机	公里标	进站口有源应答器	信号机	公里标
××站	K627+244	06001	K600+133	K629+315	06539	K653+866
	上 行					
	K629+325	06554	K655+279	K627+254	06018	K601+874

表中,阴影数字公里标加 100 m,即 K653+866+100=K653+966,K653+966 为该站列控的下行右边界,是本条报文所需信息。

序号	应答器名称	应答器编号	里程	设备类型	用途	车站名称	备注	NID_BG
13	BX-1	069-3-56-015-1	K627+244	无源	JZ	×××站		14 351
14	BX-2	069-3-56-015-2	K627+249	无源	JZ	×××站		14 351
15	BX-3	069-3-56-015-3	K627+254	有源	JZ	×××站	T1	14 351

续上表

序号	应答器名称	应答器编号	里程	设备类型	用途	车站名称	备注	NID_BG
16	BSⅠ-1	069-3-56-017-1	K627+868	无源	FCZ	×××站		14 353
17	BSⅠ-2	069-3-56-017-2	K627+873	无源	FCZ	×××站		14 353

说明:在"应答器位置表"中,找出该应答器的里程标:BX-1 应答器的里程标为 K627+244。
报文中,到临时限速区段的距离:下行右边界一应答器里程标=653 966−627 244=26 722 m。

(3)临时限速信息有效区长度:在管辖范围边界,有 100 m,45 km/h 的强制限速区,故临时限速信息有效区长度为 26 822 m。

(三)对于侧线发车应答器报文临时限速包

侧线发车应答器报文临时限速包核对方法与发车口应答器报文临时限速包大致相同,区别在于需要将站内区段长度计入"到临时限速区段的距离"和"临时限速信息有效区长度"中。

六、绝对停车包【CTCS-5】核对

表 C.8 绝对停车包【CTCS-5】

2018-10-1 10:40:28 绝对停车 CTCS-5			
信 息 项	位数	变量值	内容说明
信息包标识码	8	44	信息包标识码 00101100[ETCS-44]
验证方向	2	1	正向
信息包位数	13	48	位
信息包标识码	9	5	信息包标识码 000000101[CTCS-5]
验证方向	2	1	正向
信息包位数	13	25	位
停车	1	0	0=立即停车

注:需要重点核对的部分用阴影标注。

(1)验证方向:进路经过该应答器时的走向如果与线路上/下行方向一致,即为正向,与线路上/下行方向不一致,即为反向。

(2)停车:绝对停车包中停车处理方式均为立即停车。

七、调车危险包【ETCS-132】核对

表 C.9　调车危险包【ETCS-132】

2018-10-1　10:40:28 调车危险 ETCS-132			
信 息 项	位数	变量值	内容说明
信息包标识码	8	132	信息包标识码 10000100
验证方向	2	1	正向
信息包位数	13	24	位
调车模式	1	0	0=停车,1=继续

注:需要重点核对的部分用阴影标注。

验证方向:进路经过该应答器时的走向如果与线路上/下行方向一致,即为正向,与线路上/下行方向不一致,即为反向。

八、目视行车危险包【ETCS-137】核对

表 C.10　目视行车危险包【ETCS-137】

2018-10-1　10:40:28 目视行车危险 ETCS-137			
信 息 项	位数	变量值	内容说明
信息包标识码	8	137	信息包标识码 10000100
验证方向	2	1	正向
信息包位数	13	24	位
人工模式	1	0	0=停车,1=继续

注:需要重点核对的部分用阴影标注。

验证方向:进路经过该应答器时的走向如果与线路上/下行方向一致,即为正向,与线路上/下行方向不一致,即为反向。

九、特殊区段包【ETCS-68】核对

表 C.11 特殊区段包【ETCS-68】

2018-10-1 15:10:43 特殊区段 ETCS-68			
信 息 项	位数	变量值	内容说明
信息包标识码	8	68	信息包标识码 01000100
验证方向	2	1	正向
信息包位数	13	65	位
距离/长度分辨率	2	1	1 m
恢复初始状态	1	0	0=没有要求,1=有要求
到恢复初始状态开始点的距离	15	0.00	Q_TRACKINIT=1 有效
到特殊轨道区段的距离	15	9 809.00	Q_TRACKINIT=0 有效
特殊轨道区段的长度	15	483	Q_TRACKINIT=0 有效
特殊轨道区段的定义	4	9	Q_TRACKINIT=0 有效
包含特殊轨道区段的数量	5	0	个

注:需要重点核对的部分用阴影标注

(1)验证方向:进路经过该应答器时的走向如果与线路上/下行方向一致,即为正向,与线路上/下行方向不一致,即为反向。

(2)到特殊轨道区段的距离:查询“过分相信息表”可得分相区起点公里标,查询“应答器位置表”可得应答器公里标,二者之差即为应答器到过分相区段的距离。

(3)特殊轨道区段的长度:查询“过分相信息表”可得分相区长度。

附录D　列控中心功能测试记录表

××电　务　段

（______年______月）

列控中心功能测试记录表（仿真）

____________车间____________站

施工项目名称：__________________________

联锁主任：________技术（工程）科长：________主管段长：________

目　录

序号	测试记录表名称	表　号	仿真试验	模拟/复联试验	开通试验
1	列控中心驱动配置测试记录表	列联表 1-1	√	√	×
2	列控中心采集配置测试记录表	列联表 1-2	√	√	×
3	进路号一致性测试记录表	列联表 2	√	×	×
4	轨道电路对位测试记录表	列联表 3	×	√	×
5	车站改方功能测试记录表	列联表 4-1	√	√	√
6	中继站改方功能测试记录表	列联表 4-2	√	√	√
7	方向(切换)继电器状态测试记录表	列联表 4-3	×	√	√
8	码序测试记录表	列联表 5	√	×	×
9	区间占用逻辑检查功能测试记录表(一)(正向、反向)	列联表 6-1	√	√	×
10	区间占用逻辑检查功能测试记录表(二)	列联表 6-2	√	√	×
11	列控中心小轨道状态测试记录表	列联表 7	√	×	×
12	TCC 功能测试记录表	列联表 8-1	×	√	√
13	TCC-CBI 接口功能测试记录表	列联表 8-2	×	√	√
14	TCC-ZPW2000 接口功能测试记录表	列联表 8-3	×	√	√
15	TCC-信号安全数据网冗余接口功能测试记录表	列联表 8-4	×	√	√
16	进站信号红灯断丝对位测试记录表	列联表 9-1	√	√	×
17	发车口区间红灯断丝对位测试记录表	列联表 9-2	√	√	×
18	区间信号机点灯控制逻辑测试记录表	列联表 9-3	√	√	×
19	临时限速测试记录表	列联表 10	√	×	×
20	列控中心侧线限速降级功能测试记录表	列联表 11-1	√	×	×
21	列控中心接车进路限速降级功能测试记录表	列联表 11-2	√	×	×
22	列控中心接车进路接近区段限速降级功能测试记录表	列联表 11-3	√	×	×
23	列控中心发车进路限速降级功能测试记录表	列联表 11-4	√	×	×
24	列控中心发车进路 L_1 范围内限速降级功能测试记录表	列联表 11-5	√	×	×
25	列控中心发车进路 2LQ 占用限速降级功能测试记录表	列联表 11-6	√	×	×
26	大号码道岔应答器报文发送功能测试记录表	列联表 12	√	×	×
27	列控中心站内无限速接发车进路报文测试记录表(初始化)	列联表 13-1	√	×	×
28	列控中心侧线通过进路预告报文测试记录表	列联表 13-2	√	×	×
29	LEU 对位测试记录表	列联表 14-1	×	√	×
30	应答器报文特征码测试记录表	列联表 14-2	×	√	×
31	异物侵限接口测试记录表	列联表 15-1	×	√	×
32	地震灾害接口测试记录表	列联表 15-2	×	√	×
33	站台门状态一致性测试记录表	列联表 16-1	×	√	×
34	列控中心 ATO 功能测试记录表	列联表 16-2	√	×	×

列控中心驱动配置测试记录表

单位： 站名： 列联表 1-1

通道号	驱动板 1	码位核对	驱动板 2	码位核对	驱动板 3	码位核对	驱动板 4	码位核对	驱动板 5	码位核对	通道号
	名称		名称		名称		名称		名称		
1											1
2											2
3											3
4											4
5											5
6											6
7											7
8											8
9											9
10											10
11											11
12											12
13											13
14											14
15											15
16											16
17											17
18											18
19											19
20											20
21											21
22											22
23											23
24											24
25											25
26											26
27											27
28											28
29											29
30											30
31											31
32											32

注：表格内检查项目填写如下代号：“√”表示正确，“×”表示错误，“△”表示无此条件，“○”表示本次试验不涉及该项。

试验人： 复核人： 第 张，共 张 年 月 日

列控中心采集配置测试记录表

单位：　　　　　　　　站名：　　　　　　　　列联表 1-2

通道号	采集板 1	码位核对	采集板 2	码位核对	采集板 3	码位核对	采集板 4	码位核对	采集板 5	码位核对	通道号
	名称		名称		名称		名称		名称		
1											1
2											2
3											3
4											4
5											5
6											6
7											7
8											8
9											9
10											10
11											11
12											12
13											13
14											14
15											15
16											16
17											17
18											18
19											19
20											20
21											21
22											22
23											23
24											24
25											25
26											26
27											27
28											28
29											29
30											30
31											31
32											32

注：表格内检查项目填写如下代号："√"表示正确，"×"表示错误，"△"表示无此条件，"○"表示本次试验不涉及该项。

试验人：　　　　复核人：　　　　第　　张，共　　张　　　　年　　月　　日

进路号一致性测试记录表

单位：　　　　　　　　　　站名：　　　　　　　　　　列联表2

列控 进路编号	列控引导 进路编号	联锁 进路编号	始端 信号按钮	变通按钮	终端 信号按钮	进路关键道岔位置	试验结果	备注
1	2	3	4	5	6	7	8	9

注：表格内检查项目填写如下代号："√"表示正确，"×"表示错误，"△"表示无此条件，"○"表示本次试验不涉及该项。

试验人：　　　　复核人：　　　　第　　张，共　　张　　　　年　月　日

轨道电路对位测试记录表

单位：　　　　　　　　站名：　　　　　　　　　　　　　　　　列联表 3

区段号/移频柜号		移频柜 1	占用后其他设备状态显示			测试结果	移频柜 2	占用后其他设备状态显示			测试结果
			CBI	CTC	TCC			CBI	CTC	TCC	
区段一	名称										
	载频										
区段二	名称										
	载频										
区段三	名称										
	载频										
区段四	名称										
	载频										
区段五	名称										
	载频										
区段六	名称										
	载频										
区段七	名称										
	载频										
区段八	名称										
	载频										
区段九	名称										
	载频										
区段十	名称										
	载频										

注：表格内检查项目填写如下代号："√"表示正确，"×"表示错误，"△"表示无此条件，"○"表示本次试验不涉及该项。

试验人：　　　　　　复核人：　　　　　　第　　张，共　　张　　　　　　　　年　月　日

车站改方功能测试记录表

单位：　　　　站名：　　　　列联表4-1

改方口名称	改方类型	改方方向	联锁区间方向显示	测试结果	备　注
1	2	3	4	5	6
S口	正常改方	由接车方向-发车方向	上行反向		
		由发车方向-接车方向	上行正向		
	辅助改方	由接车方向-发车方向	上行反向		模拟区间占用
		由发车方向-接车方向	上行正向		模拟区间占用
SN口	正常改方	由接车方向-发车方向	下行正向		
		由发车方向-接车方向	下行反向		
	辅助改方	由接车方向-发车方向	下行正向		模拟区间占用
		由发车方向-接车方向	下行反向		模拟区间占用
X口	正常改方	由接车方向-发车方向	下行反向		
		由发车方向-接车方向	下行正向		
	辅助改方	由接车方向-发车方向	下行反向		模拟区间占用
		由发车方向-接车方向	下行正向		模拟区间占用
XN口	正常改方	由接车方向-发车方向	上行正向		
		由发车方向-接车方向	上行反向		
	辅助改方	由接车方向-发车方向	上行正向		模拟区间占用
		由发车方向-接车方向	上行反向		模拟区间占用

注：表格内检查项目填写如下代号："√"表示正确，"×"表示错误，"△"表示无此条件，"○"表示本次试验不涉及该项。

试验人：　　　　复核人：　　　　第　　张，共　　张　　　　年　　月　　日

中继站改方功能测试记录表

单位： 站名： 列联表 4-2

改方口名称	主站区间方向	中继站区间方向	测试结果	备　　注
1	2	3	4	5
上行	上行正向	上行正向		
	上行反向	上行反向		
下行	上行正向	上行正向		
	上行反向	上行反向		

注：表格内检查项目填写如下代号："√"表示正确，"×"表示错误，"△"表示无此条件，"○"表示本次试验不涉及该项。

试验人：　　复核人：　　第　　张，共　　张　　年　月　日

方向(切换)继电器状态测试记录表

单位：　　　　　　　　站名：　　　　　　　　列联表 4-3

设备类型	试验项目	试验内容及要求	核对结果	备　注
1	2	3	4	5
站内方向继电器	办理进路	正向进路，方向继电器吸起；反向进路，方向继电器落下		
	取消进路	方向继电器状态不变		
	列车占用	办理进路，信号开放后，模拟列车顺序占用和出清，检查进路上各区段(包括占用和已出清区段)方向继电器状态不变。股道由多个轨道区段组成时，当列车占用前方轨道区段时，占用区段后方的轨道区段发码应转为向另一方向发码		
	引导进路	正向进路，方向继电器吸起；反向进路，方向继电器落下		
	列控中心重启	方向切换继电器落下		
区间方向切换继电器	正向	区间方向切换继电器状态落下		没有区间方向继电器的状态
	反向	区间方向切换继电器状态吸起		没有区间方向继电器的状态

注：表格内检查项目填写如下代号："√"表示正确，"×"表示错误，"△"表示无此条件，"○"表示本次试验不涉及该项。

试验人：　　　　复核人：　　　　第　　张，共　　张　　　　年　月　日

码序测试记录表

单位：　　　　　　　　　　站名：

X←SⅡ←SN　　　　　　　　　　列联表 5

邻站(0437AG)	1-7DG	3-5DG	IIG1	IIG2	4-6DG	2-10DG	X1LQG	0483BG	0483AG	0507BG	0507AG	0529BG	0529AG	说明
L5	JC	JC	HU	HU	HU	HU	UUS	UUS	UUS	U2S	U2S	LU	LU	(邻站)L5(SN开放ⅡG,SⅡ关闭)
L4	JC	JC	HU	HU	HU	HU	UUS	UUS	UUS	U2S	U2S	LU	LU	(邻站)L4(SN开放ⅡG,SⅡ关闭)
L3	JC	JC	HU	HU	HU	HU	UUS	UUS	UUS	U2S	U2S	LU	LU	(邻站)L3(SN开放ⅡG,SⅡ关闭)
L2	JC	JC	HU	HU	HU	HU	UUS	UUS	UUS	U2S	U2S	LU	LU	(邻站)L2(SN开放ⅡG,SⅡ关闭)
L	JC	JC	HU	HU	HU	HU	UUS	UUS	UUS	U2S	U2S	LU	LU	(邻站)L(SN开放ⅡG,SⅡ关闭)
LU	JC	JC	HU	HU	HU	HU	UUS	UUS	UUS	U2S	U2S	LU	LU	(邻站)LU(SN开放ⅡG,SⅡ关闭)
U	JC	JC	HU	HU	HU	HU	UUS	UUS	UUS	U2S	U2S	LU	LU	(邻站)U(SN开放ⅡG,SⅡ关闭)
HU	JC	JC	HU	HU	HU	HU	UUS	UUS	UUS	U2S	U2S	LU	LU	(邻站)HU(SN开放ⅡG,SⅡ关闭)
占用	JC	JC	HU	HU	HU	HU	UUS	UUS	UUS	U2S	U2S	LU	LU	(邻站)占用(SN开放)
			HB	HB	HB	HB	UUS	UUS	UUS	U2S	U2S	LU	LU	SN开放ⅡG,SⅡ开放引导
							HU	HU	HU	U	U	LU	LU	SN进站关闭
							HB	HB	HB	U	U	LU	LU	SN开放引导
							占用	JC	JC	HU	HU	U	U	X1LQG占用
								占用	JC	HU	HU	U	U	0483BG占用
									占用	HU	HU	U	U	0483AG占用
										占用	JC	HU	HU	0507BG占用
											占用	HU	HU	0507AG占用
												占用	JC	0529BG占用
													占用	0529AG占用

注：低频码序关系：L5=21.3，L4=23.5，L3=10.3，L2=12.5，L=11.4，LU=13.6，U=16.9，UU=18，UUS=19.1，U2=14.7，U2S=20.2，HB=24.6，HU=26.8，JC=27.9，H=29。

表格内检查项目填写如下代号："√"表示正确，"×"表示错误，"△"表示无此条件，"○"表示本次试验不涉及该项。

试验人：　　　　　　复核人：　　　　　　第　张，共　张　　　　　　年　月　日

区间占用逻辑检查功能测试记录表(一)

单位：　　　　站名：　　　　列车运行方向：正向　　　　列联表6-1

区段名称	列车正常运行逻辑状态、SA分配状态正常	空闲状态正确试验					故障占用状态正确试验			正常占用状态正确试验				失去分路状态正确试验		区间信号机红灯断丝逻辑试验				区间辅助改方成功，闭塞分区逻辑状态保持不变	备注
		逻辑状态为空闲的闭塞分区，设备状态保持空闲，逻辑状态为空闲	区间轨道区段设备状态由占用变为连续3 s空闲，逻辑状态为空闲	逻辑状态为故障占用的闭塞分区，若设备状态为空闲，逻辑状态为空闲	逻辑状态为正常占用的闭塞分区，设备状态由占用变为空闲，满足技术条件时，逻辑状态为空闲	在一个SA内，如果运行前方闭塞分区判定为正常占用，则该闭塞分区后方所有处于失去分路状态的闭塞分区，其逻辑状态均判定为空闲	逻辑状态为故障占用的闭塞分区,设备状态保持占用时,不满足技术条件,逻辑状态为故障占用	逻辑状态为空闲的闭塞分区,设备状态由空闲变为占用时,不满足技术条件,逻辑状态为故障占用	在1个SA内，如果运行前方闭塞分区判定为正常占用,则与该闭塞分区不连续的后方仍所有处于正常占用状态的闭塞分区,其逻辑状态为故障占用	逻辑状态为正常占用的闭塞分区，设备状态保持占用时，逻辑状态为正常占用	逻辑状态为故障占用的闭塞分区，设备状态保持占用时，满足技术条件，逻辑状态为正常占用	逻辑状态为空闲的闭塞分区,设备状态由空闲变为占用时,满足技术条件,逻辑状态为正常占用	逻辑状态为失去分路的闭塞分区，设备状态由空闲变为占用，逻辑状态为正常占用	逻辑状态为失去分路的闭塞分区，设备状态保持空闲，逻辑状态为失去分路	逻辑状态为正常占用的闭塞分区，设备状态由占用变为空闲，不满足技术条件时，逻辑状态为失去分路	后方闭塞分区原逻辑状态为空闲时，逻辑状态为故障占用	后方闭塞分区原逻辑状态为正常占用时，逻辑状态为正常占用	后方闭塞分区原逻辑状态为失去分路时，逻辑状态为失去分路	后方闭塞分区原逻辑状态为故障占用时，逻辑状态为故障占用		
1	2	3	4	5	6	7	8	9	10	11	12	13	14	15	16	17	18	19	20	21	22

注：表格内检查项目填写如下代号："√"表示正确，"×"表示错误，"△"表示无此条件，"○"表示本次试验不涉及该项。

试验人：　　　　复核人：　　　　第　张，共　张　　　　年　月　日

区间占用逻辑检查功能测试记录表(一)

单位：　　　　站名：　　　　列车运行方向:反向　　　　列联表 6-1

区段名称	列车正常运行逻辑状态、SA分配状态正常	空闲状态正确试验					故障占用状态正确试验			正常占用状态正确试验				失去分路状态正确试验		区间信号机红灯断丝逻辑试验				区间辅助改方成功，闭塞分区逻辑状态保持不变	备注
		逻辑状态为空闲的闭塞分区,设备状态保持空闲,逻辑状态为空闲	区间轨道区段设备状态由占用变为连续3 s空闲，逻辑状态为空闲	逻辑状态为故障占用的闭塞分区，若设备状态为空闲，逻辑状态为空闲	逻辑状态为正常占用的闭塞分区，设备状态由占用变为空闲，满足技术条件时，逻辑状态为空闲	在一个SA内，如果运行前方闭塞分区判定为正常占用，则该闭塞分区后方所有处于失去分路状态的闭塞分区，其逻辑状态均判定为空闲	逻辑状态为故障占用的闭塞分区,设备状态保持占用时,不满足技术条件,逻辑状态为故障占用	逻辑状态为空闲的闭塞分区,设备状态由空闲变为占用时,不满足技术条件,逻辑状态为故障占用	在1个SA内，如果运行前方闭塞分区判定为正常占用,则与该闭塞分区不连续的后方所有仍处于正常占用状态的闭塞分区,其逻辑状态为故障占用	逻辑状态为正常占用的闭塞分区，设备状态保持占用时，逻辑状态为正常占用	逻辑状态为故障占用的闭塞分区，设备状态保持占用时，满足技术条件，逻辑状态为正常占用	逻辑状态为空闲的闭塞分区,设备状态由空闲变为占用时,满足技术条件,逻辑状态为正常占用	逻辑状态为失去分路的闭塞分区，设备状态由空闲变为占用，逻辑状态为正常占用	逻辑状态为失去分路的闭塞分区，设备状态保持空闲，逻辑状态为失去分路	逻辑状态为正常占用的闭塞分区，设备状态由占用变为空闲，不满足技术条件时，逻辑状态为失去分路	后方闭塞分区原逻辑状态为空闲时，逻辑状态为故障占用	后方闭塞分区原逻辑状态为正常占用时，逻辑状态为正常占用	后方闭塞分区原逻辑状态为失去分路时，逻辑状态为失去分路	后方闭塞分区原逻辑状态为故障占用时，逻辑状态为故障占用		
1	2	3	4	5	6	7	8	9	10	11	12	13	14	15	16	17	18	19	20	21	22

注:表格内检查项目填写如下代号:“√”表示正确,“×”表示错误,“△”表示无此条件,“○”表示本次试验不涉及该项。

试验人：　　　　复核人：　　　　第　　张,共　　张　　　　年　　月　　日

区间占用逻辑检查功能测试记录表(二)

单位：　　　　　　站名：　　　　　　　　　　　　　　　　　　　　　　　列联表 6-2

区段名称	TCC启动试验及与TSRS接口试验					与CTC接口试验						与CBI接口试验		倒机试验		备注
	TSRS和TCC通信中断情况下，TCC上电重启后，各闭塞分区状态正确	TSRS和TCC通信正常情况下，TCC上电重启后，若从TSRS接收到闭塞分区无失去分路状态，且该闭塞分区设备状态为空闲，逻辑状态为空闲	TSRS和TCC通信正常情况下，TCC上电重启后，若从TSRS接收到闭塞分区无失去分路状态，且该闭塞分区设备状态为占用，逻辑状态为正常占用	TSRS和TCC通信正常情况下，TCC上电重启后，若从TSRS接收到闭塞分区有失去分路状态，且该闭塞分区设备状态为空闲，逻辑状态为失去分路	TSRS和TCC通信正常情况下，TCC上电重启后，若从TSRS接收到闭塞分区有失去分路状态，且该闭塞分区设备状态为占用，逻辑状态为正常占用	通过CTC操作进行区间逻辑检查开启或区间逻辑检查关闭操作作用正常	TCC将闭塞分区空闲、正常占用、故障占用、失去分路状态发送给CTC界面显示状态正常	TCC收到CTC区间逻辑状态总解锁命令时，该区间本站TCC管辖范围内所有闭塞分区为失去分路的，逻辑状态为空闲	TCC收到CTC区间逻辑状态总解锁命令时，该区间本站TCC管辖范围内所有闭塞分区为正常占用、故障占用、空闲状态时，逻辑状态保持不变	TCC收到CTC闭塞分区确认无车占用命令时，该闭塞分区为失去分路的，逻辑状态为空闲	TCC收到CTC闭塞分区确认无车占用命令时，逻辑状态为正常占用、故障占用、空闲状态时，逻辑状态保持不变	1LQ区段为故障占用状态时联锁不能开放信号	1LQ区段为失去分路状态时联锁不能开放信号	TCC切系前后各闭塞分区逻辑状态保持不变	TCC切系前后SA分配保持不变	
1	2	3	4	5	6	7	8	9	10	11	12	13	14	15	16	17

注：表格内检查项目填写如下代号："√"表示正确，"×"表示错误，"△"表示无此条件，"○"表示本次试验不涉及该项。

试验人：　　　　　　复核人：　　　　　　第　　张，共　　张　　　　　　年　　月　　日

列控中心小轨道状态测试记录表

单位：　　　　　　　　站名：　　　　　　　　　　　　　　　　　　列联表 7

区段		正向运行								反向运行							
		物理状态				逻辑状态				物理状态				逻辑状态			
名称	载频频率	主轨道空闲、主轨道通信状态空闲、小轨道空闲、总轨道状态空闲	主轨道空闲、主轨道通信状态空闲、小轨道占用、总轨道状态占用	主轨道空闲、主轨道通信状态占用、小轨道空闲、总轨道状态占用	主轨道占用、主轨道通信状态空闲、小轨道空闲、总轨道状态占用	主轨道空闲、主轨道通信状态空闲、小轨道空闲、总轨道状态空闲	主轨道空闲、主轨道通信状态空闲、小轨道占用、总轨道状态占用	主轨道空闲、主轨道通信状态占用、小轨道空闲、总轨道状态占用	主轨道占用、主轨道通信状态空闲、小轨道空闲、总轨道状态占用	主轨道空闲、主轨道通信状态空闲、小轨道空闲、总轨道状态空闲	主轨道空闲、主轨道通信状态空闲、小轨道占用、总轨道状态占用	主轨道空闲、主轨道通信状态占用、小轨道空闲、总轨道状态占用	主轨道占用、主轨道通信状态空闲、小轨道空闲、总轨道状态占用	主轨道空闲、主轨道通信状态空闲、小轨道空闲、总轨道状态空闲	主轨道空闲、主轨道通信状态空闲、小轨道占用、总轨道状态占用	主轨道空闲、主轨道通信状态占用、小轨道空闲、总轨道状态占用	主轨道占用、主轨道通信状态空闲、小轨道空闲、总轨道状态占用
1	2	3	4	5	6	7	8	9	10	11	12	13	14	15	16	17	18

注：表格内检查项目填写如下代号："√"表示正确，"×"表示错误，"△"表示无此条件，"○"表示本次试验不涉及该项。

试验人：　　　　　　复核人：　　　　　　第　　张，共　　张　　　　　　年　　月　　日

TCC 功能测试记录表

单位：　　　　　　　　　　站名：　　　　　　　　　　列联表 8-1

接口系统	试验项目		试验内容及要求	试验结果	备　注
1	2		3	4	5
TCC 功能	列控中心	同时开列控 A、B 机	列控 A、B 机正常启动，一主控一备用		
		A 机主控，B 机同步，关闭 A 机	自动切换 B 机，切换过程中不丢限速命令和进路信息，信号和轨道显示、轨道电路编码、LEU 输出不受影响、轨道电路不闪红光带		
		B 机主控，A 机同步，关闭 B 机	自动切换 A 机，切换过程中不丢限速命令和进路信息，信号和轨道显示、轨道电路编码、LEU 输出不受影响、轨道电路不闪红光带		
	列控中心之间	与车站 TCC 通信中断时	边界区段发送 HU 码，禁止区段改方		
		与中继站 TCC 通信中断时	中继站 TCC 管辖范围内按区间无方向发码，均发 27.9 Hz，相邻 TCC 边界区段发 HU。中继站范围内区段 CTC 均显示无信息（灰色）。禁止区段改方		

注：表格内检查项目填写如下代号："√"表示正确，"×"表示错误，"△"表示无此条件，"○"表示本次试验不涉及该项。

试验人：　　　　　复核人：　　　　　第　　张，共　　张　　　　　　　　年　月　日

TCC-CBI 接口功能测试记录表

单位： 站名： 列联表 8-2

接口系统	试验项目		试验内容及要求	试验结果	备　注
1	2		3	4	5
CBI 接口功能	一	启机单系通信试验	启动列控系统、联锁系统单系，检查系统间各单系通信是否正确		
	二	非主系间通信中断试验	列控中心、联锁两系同步时，其主系与联锁备系的通信中断，不影响系统正常运行，维护终端有报警，列控中心备系与联锁主系通信中断，不影响系统正常运行，维护终端有报警；列控中心备系与联锁备系的通信中断，不影响系统正常运行，维护终端有报警		
	三	主系间通信中断试验	1. TCC、CBI 两系统两系均正常工作：将 TCC 和 CBI 均设置为 A 主 B 备，中断 TCC-A 与 CBI-A 之间通信，TCC 倒机变成 TCCA 备 B 主，轨道电路编码、有源应答器报文不变。同理测试其他通道。 2. TCC 仅单系、CBI 两系正常工作：将 TCC 设置为 A 机运行 B 机关机，CBI 设置为 A 主 B 备，中断 TCC-A 与 CBI-A 之间通信，CBI 倒机变成 CBIA 备 B 主		
	四	主备系通信全中断试验（限速未初始化）	1. 区间设置信号机：进站外方接近区段发检测码，区间追踪码序。岔区发检测码，股道发 HU 码。有源应答器发送默认报文。联锁降级显示灯亮，接近区段、离去区段显示红轨。 2. 区间未设置信号机：进站外方接近区段发 HU 码，区间追踪码序。岔区发检测码，股道发 HU 码。有源应答器发送默认报文。联锁降级显示灯亮，接近区段、离去区段显示红轨		
	五	主备系通信全中断试验（限速已初始化）	1. 区间设置信号机：进站外方接近区段发检测码，区间追踪码序。岔区发检测码，股道发 HU 码。股道有源应答器发送默认报文。接车方向时，进站有源应答器发默认报文，发车方向时，进站有源应答器发送正常报文。联锁降级显示灯亮，接近区段、离去区段显示红轨。 2. 区间未设置信号机：进站外方接近区段发 HU 码，区间追踪码序。岔区发检测码，股道发 HU 码。股道有源应答器发送默认报文，接车方向时，进站有源应答器发默认报文，发车方向时，进站有源应答器发送正常报文。联锁降级显示灯亮，接近区段、离去区段显示红轨		

注：表格内检查项目填写如下代号："√"表示正确，"×"表示错误，"△"表示无此条件，"○"表示本次试验不涉及该项。

试验人： 复核人： 第　张，共　张　　年　月　日

TCC-ZPW2000 接口功能测试记录表

单位：　　　　　　站名：　　　　　　列联表 8-3

接口系统	试验项目		试验内容及要求	试验结果	备　注
1	2		3	4	5
ZPW-2000 接口功能	一	启机单系通信试验	启动列控系统单系、ZPW-2000 通信板单系，检查系统间各单系通信是否正确，ZPW-2000 发送码序正常		
	二	备系通信中断试验	启动列控系统双系同步、ZPW-2000 通信板主备板正常工作，ZPW-2000 通信板与列控中心备系通信中断。不影响系统正常使用，维护终端有报警		
	三	主备系通信全中断试验	列控中心与 ZPW-2000 发送盒通信中断，ZPW-2000 区段发送 27.9 Hz 低频信息。列控中心与接收盒通信中断，列控中心对该 ZPW-2000 区段按占用状态处理		

注：表格内检查项目填写如下代号：“√”表示正确，“×”表示错误，“△”表示无此条件，“○”表示本次试验不涉及该项。

试验人：　　　　复核人：　　　　第　　张，共　　张　　　　年　月　日

TCC-信号安全数据网冗余接口功能测试记录表

单位：　　　　　　　　　　站名：　　　　　　　　　　列联表 8-4

试验项目		试验内容及要求	试验结果	备　注
1		2	3	4
一	左右环冗余测试	关闭本站及相邻站右环/左环交换机，列控中心站间传输信息不受影响		
二	左环冗余测试	关闭本站及相邻站右环交换机，断开左环交换机的一侧通道，列控中心站间传输信息不受影响		
三	右环冗余测试	关闭本站及相邻站左环交换机，断开右环交换机的一侧通道，列控中心站间传输信息不受影响		

注：表格内检查项目填写如下代号："√"表示正确，"×"表示错误，"△"表示无此条件，"○"表示本次试验不涉及该项。

试验人：　　　　复核人：　　　　第　　张，共　　张　　　　年　月　日

进站信号红灯断丝对位测试记录表

单位：　　　　站名：　　　　列联表 9-1

进站信号名称	操作步骤	接近区段发码	测试结果	备　注
1	2	3	4	5
S	模拟进站信号红灯断丝			
SN				
X				
XN				

注：表格内检查项目填写如下代号："√"表示正确，"×"表示错误，"△"表示无此条件，"○"表示本次试验不涉及该项。

试验人：　　　复核人：　　　第　张，共　张　　　年　月　日

发车口区间红灯断丝对位测试记录表

单位：　　　　　　　　站名：　　　　　　　　列联表 9-2

区间口	1LQ 红灯断丝后联锁控显显示	2LQ 红灯断丝后联锁控显显示	3LQ 红灯断丝后联锁控显显示	测试结果	备　注
1	2	3	4	5	6
S 口					
SN 口					
X 口					
XN 口					

注：表格内检查项目填写如下代号："√"表示正确，"×"表示错误，"△"表示无此条件，"○"表示本次试验不涉及该项。

试验人：　　　　复核人：　　　　第　　张，共　　张　　　　年　月　日

区间信号机点灯控制逻辑测试记录表

单位：　　　　站名：　　　　列联表 9-3

信号机名称	点灯状态	灯丝断丝	后续区段发码	是否红灯转移	测试结果
1	2	3	4	5	6

注：表格内检查项目填写如下代号："√"表示正确，"×"表示错误，"△"表示无此条件，"○"表示本次试验不涉及该项。

试验人：　　　　复核人：　　　　第　　张，共　　张　　　　年　　月　　日

临时限速测试记录表

单位：　　　　　　　　　　　　　　　　站名：　　　　　　　　　　　　　　　　列联表 10

临时限速公里标	应答器名称：	BX	BSN	BXN	BS	测试结果	备注
	公里标：						
下行管辖区范围		起点里程标～终点里程标：					
上行管辖区范围		起点里程标～终点里程标：					
下行左边界限速 K　　～K 限速值：		L_TSRarea＝	L_TSRarea＝	—	—		限速信息有效区段长度
		D_TSR＝	D_TSR＝				到限速区段的距离
		L_TSR＝	L_TSR＝				限速区段的长度
		V_TSR＝	V_TSR＝				限速的限制速度
		D_TSR(*n*)＝	D_TSR(*n*)＝				到下一个限速距离增量
		L_TSR(*n*)＝	L_TSR(*n*)＝				限速区段长度
		V_TSR(*n*)＝	V_TSR(*n*)＝				限速速度
下行右边界限速 K　　～K 限速值：		L_TSRarea＝	L_TSRarea＝	—	—		
		D_TSR＝	D_TSR＝				
		L_TSR＝	L_TSR＝				
		V_TSR＝	V_TSR＝				
		D_TSR(*n*)＝	D_TSR(*n*)＝				
		L_TSR(*n*)＝	L_TSR(*n*)＝				
		V_TSR(*n*)＝	V_TSR(*n*)＝				
上行左边界限速 K　　～K 限速值：		—	—	L_TSRarea＝	L_TSRarea＝		
				D_TSR＝	D_TSR＝		
				L_TSR＝	L_TSR＝		
				V_TSR＝	V_TSR＝		
				D_TSR(*n*)＝	D_TSR(*n*)＝		
				L_TSR(*n*)＝	L_TSR(*n*)＝		
				V_TSR(*n*)＝	V_TSR(*n*)＝		
上行右边界限速 K　　～K 限速值：		—	—	L_TSRarea＝	L_TSRarea＝		
				D_TSR＝	D_TSR＝		
				L_TSR＝	L_TSR＝		
				V_TSR＝	V_TSR＝		
				D_TSR(*n*)＝	D_TSR(*n*)＝		
				L_TSR(*n*)＝	L_TSR(*n*)＝		
				V_TSR(*n*)＝	V_TSR(*n*)＝		

注：表格内检查项目填写如下代号："√"表示正确，"×"表示错误，"△"表示无此条件，"○"表示本次试验不涉及该项。

试验人：　　　　　　　　复核人：　　　　　　　　第　　张，共　　张　　　　　　　　年　月　日

列控中心侧线限速降级功能测试记录表

单位：　　　　　　　　　　站名：　　　　　　　　　　列联表 11-1

序号	应答器名称	相关进路			限速命令	限速值	是否显示降级标志	信号机显示	区段发码	测试结果	备注
		始端	变通	终端							
1	2	3	4	5	6	7	8	9	10	11	12
1											
2											
3											
4											
5											
6											
7											
8											
9											
10											
11											
12											
13											
14											
15											

注：表格内检查项目填写如下代号："√"表示正确，"×"表示错误，"△"表示无此条件，"○"表示本次试验不涉及该项。

试验人：　　　　　　复核人：　　　　　　第　　张，共　　张　　　　　　　　　　年　　月　　日

列控中心接车进路限速降级功能测试记录表

单位：　　　　　　　　　　站名：　　　　　　　　　　列联表 11-2

序号	应答器名称	相关进路			限速命令(信号机内方、进路内)			是否显示降级标志	信号机显示	区段发码	测试结果	备　注
		始端	变通	终端	起点里程	终点里程	限速值					
1	2	3	4	5	6	7	8	9	10	11	12	13
1												
2												
3												
4												
5												
6												
7												
8												
9												
10												
11												
12												
13												
14												
15												

注：表格内检查项目填写如下代号：“√”表示正确，“×”表示错误，“△”表示无此条件，“○”表示本次试验不涉及该项。

试验人：　　　　　　复核人：　　　　　　第　　张，共　　张　　　　　　　　　　年　月　日

列控中心接车进路接近区段限速降级功能测试记录表

单位：　　　　　　　　　　站名：　　　　　　　　　　列联表 11-3

序号	应答器名称	相关进路			限速命令(进路外)			是否显示降级标志	信号机显示	区段发码	测试结果	备　注
		始端	变通	终端	起点里程	终点里程	限速值					
1	2	3	4	5	6	7	8	9	10	11	12	13
1												
2												
3												
4												
5												
6												
7												
8												
9												
10												
11												
12												
13												
14												
15												

注：表格内检查项目填写如下代号："√"表示正确，"×"表示错误，"△"表示无此条件，"○"表示本次试验不涉及该项。

试验人：　　　　　　复核人：　　　　　　第　　张，共　　张　　　　　　　　年　　月　　日

列控中心发车进路限速降级功能测试记录表

单位：　　　　　　　　　　站名：　　　　　　　　　　列联表 11-4

序号	应答器名称	相关进路			限速命令(信号机内方、进路内)			是否显示降级标志	信号机显示	区段发码	测试结果	备　注
		始端	变通	终端	起点里程	终点里程	限速值					
1	2	3	4	5	6	7	8	9	10	11	12	13
1												
2												
3												
4												
5												
6												
7												
8												
9												
10												
11												
12												
13												
14												
15												

注：表格内检查项目填写如下代号："√"表示正确，"×"表示错误，"△"表示无此条件，"○"表示本次试验不涉及该项。

试验人：　　　　　　复核人：　　　　　　第　　张，共　　张　　　　　　年　月　日

列控中心发车进路 L_1 范围内限速降级功能测试记录表

单位： 站名： 列联表 11-5

序号	应答器名称	相关进路			限速命令（L_1 范围内）			是否显示降级标志	信号机显示	区段发码	测试结果	备注
		始端	变通	终端	起点里程	终点里程	限速值					
1	2	3	4	5	6	7	8	9	10	11	12	13
1												
2												
3												
4												
5												
6												
7												
8												
9												
10												
11												
12												
13												
14												
15												

注：表格内检查项目填写如下代号："√"表示正确，"×"表示错误，"△"表示无此条件，"○"表示本次试验不涉及该项。

试验人： 复核人： 第 张，共 张 年 月 日

列控中心发车进路 2LQ 占用限速降级功能测试记录表

单位： 站名： 列联表 11-6

序号	应答器名称	相关进路			是否显示降级标志	点灯状态		灭灯状态		测试结果	备注
		始端	变通	终端		信号机显示	区段发码	信号机显示	区段发码		
1	2	3	4	5	6	7	8	9	10	11	12
1											
2											
3											
4											
5											
6											
7											
8											
9											
10											
11											
12											
13											
14											
15											

注：表格内检查项目填写如下代号："√"表示正确，"×"表示错误，"△"表示无此条件，"○"表示本次试验不涉及该项。

试验人： 复核人： 第 张，共 张 年 月 日

大号码道岔应答器报文发送功能测试记录表

单位： 站名： 大号码道岔应答器名称： 列联表 12

序号	测试方法	大号码道岔报文	信号降级	报文解析文件名称	测试结果	备　注
1	2	3	4	5	6	7
1	无进路、经大号码道岔直向进路或区间反方向	否	否			
2	区间正方向，排列侧向进路，无临时限速	是	否			
3	区间正方向，排列侧向进路，在临时限速降级检查范围内设置低于最大过岔速度的临时限速	停发	是			
4	区间正方向，排列侧向进路，无临时限速，模拟占用大号码道岔检查范围内区段	停发	是			
5	首先在检查范围内设置高于 80 km/h，且低于大号码道岔侧向允许速度的限速，再排列侧向进路	否	否			
6	首先在检查范围内设置低于 80 km/h 的限速，再排列侧向进路	否	是			
7	首先在检查范围内模拟占用某区段，再排列侧向进路	否	否			
8	区间正方向，排列侧向进路，无临时限速模拟占压大号码道岔所在闭塞分区（不含）至大号码道岔防护信号机间的闭塞分区/取消占用	停发/恢复发送	否			

注：表格内检查项目填写如下代号："√"表示正确，"×"表示错误，"△"表示无此条件，"○"表示本次试验不涉及该项。

试验人： 复核人： 第 张，共 张 年 月 日

列控中心站内无限速接发车进路报文测试记录表(初始化)

单位：　　　　　　　　站名：　　　　　　　　列联表 13-1

应答器名称	报文解析文件名称	计算机联锁进路				报文内容核对											备注（降级）
		进路编号	始终端	变通	信号机	信息帧	应答器链接 ETCS-5	线路速度 ETCS-27	特殊区段 ETCS-68	调车危险 ETCS-132	目视行车危险 ETCS-137	默认报文 ETCS-254	轨道区段 CTCS-1	临时限速 CTCS-2	大号码道岔 CTCS-4	绝对停车 CTCS-5	
1	2	3	4	5	6	7	8	9	10	11	12	13	14	15	16	17	18

注：表格内检查项目填写如下代号：“√”表示正确，“×”表示错误，“△”表示无此条件，“○”表示本次试验不涉及该项。

试验人：　　　　　　复核人：　　　　　　第　　张，共　　张　　　　　　年　　月　　日

列控中心侧线通过进路预告报文测试记录表

单位：　　　　　　　　　　站名：　　　　　　　　　　列联表 13-2

接车进路			发车进路			预告应答器	预告报文解析文件名称	对比应答器	对比报文解析文件名称	进路预告报文内容核对	备　注
进路号	始端	终端	进路号	始端	终端						
1	2	3	4	5	6	7	8	9	10	11	12

注：表格内检查项目填写如下代号："√"表示正确，"×"表示错误，"△"表示无此条件，"○"表示本次试验不涉及该项。

试验人：　　　　　　复核人：　　　　　　第　　张，共　　张　　　　　　年　　月　　日

LEU对位测试记录表

单位：　　　　　　　　　　　　站名：　　　　　　　　　　　　列联表14-1

名称	列控维护机LEU显示是否正常	LEU冗余切换是否正常	LEU端口号	对应信号机名称	对应应答器编号	LEU指示灯是否正确(含短路、断路报警等)	列控中心默认报文(特征码)	列控中心默认报文是否正确	LEU默认报文(特征码)	LEU默认报文是否正确	有源应答器默认报文(特征码)	有源应答器默认报文是否正确	备注
1	2	3	4	5	6	7	8	9	10	11	12	13	14
LEU1			1										
			2										
			3										
			4										
LEU2			1										
			2										
			3										
			4										
LEU3			1										
			2										
			3										
			4										
LEU4			1										
			2										
			3										
			4										

注：表格内检查项目填写如下代号："√"表示正确，"×"表示错误，"△"表示无此条件，"○"表示本次试验不涉及该项。

试验人：　　　　　　复核人：　　　　　　第　　张，共　　张　　　　　　年　　月　　日

应答器报文特征码测试记录表

单位：　　　　站名：　　　　列联表 14-2

序号	线别	车站名称	行别	应答器编号	特征码	里程	设备类型	应答器高度(mm)	尾缆长度(m)	用途	博格板号	测试结果
1	2	3	4	5	6	7	8	9	10	11	12	13

注：表格内检查项目填写如下代号：“√”表示正确，“×”表示错误，“△”表示无此条件，“○”表示本次试验不涉及该项。

试验人：　　　　复核人：　　　　第　张，共　张　　　　年　月　日

异物侵限接口测试记录表

单位：　　　　　　　　站名：　　　　　　　　列联表 15-1

序号	异物侵限地点	影响区段名称	发生异物侵限							异物侵限复原					备注
			对应异物继电器落下	对应轨道继电器落下	站内GDJ落下	对应区段发29 Hz低频码	前后区段码序追踪	联锁显示	CTC显示	对应异物继电器吸起	对应轨道继电器吸起	对应区段发码正常	联锁显示	CTC显示	
1	2	3	4	5	6	7	8	9	10	11	12	13	14	15	16
1															
2															
3															
4															
5															
6															
7															
8															
9															
10															
11															
12															
13															
14															
15															

注：表格内检查项目填写如下代号："√"表示正确，"×"表示错误，"△"表示无此条件，"○"表示本次试验不涉及该项。

试验人：　　　　　　复核人：　　　　　　第　　张，共　　张　　　　　　年　月　日

地震灾害接口测试记录表

单位：　　　　　　　　站名：　　　　　　　　列联表 15-2

序号	区段名称	地震灾害继电器落下（灾害发生）					地震灾害继电器吸起（无灾害发生）	备注
		所有区段发29Hz低频码	轨道继电器GJ正常	区间红光带	相邻中继站码序追踪	站内显示正常	设备、码序、显示正常	
1	2	3	4	5	6	7	8	9

注：表格内检查项目填写如下代号："√"表示正确，"×"表示错误，"△"表示无此条件，"○"表示本次试验不涉及该项。

试验人：　　　　　　复核人：　　　　　　第　　张，共　　张　　　　　　年　月　日

站台门状态一致性测试记录表

单位：　　　　　　　　　　站名：　　　　　　　　　　列联表 16-1

股道名称	临时限速向 TCC 发送站台门控制命令														TCC 接收站台门系统发送的门状态命令						备注
	开门命令核对		关门命令核对		车型编组命令核对										门锁闭状态核对		门旁路状态核对		门报警状态核对		
	TCC 侧 KMJ	站台门系统侧 KMJF	TCC 侧 GMJ	站台门系统侧 GMJF	TCC 侧 CXZ8J	站台门系统侧 CXZ8JF	TCC 侧 CXF8J	站台门系统侧 CXF8JF	TCC 侧 CXZ16J	站台门系统侧 CXZ16JF	TCC 侧 CXF16J	站台门系统侧 CXF16JF	TCC 侧 CX17J	站台门系统侧 CX17JF	站台门系统侧 MSB1J/MSB2J	TCC 侧 MSB1JF/MSB2JF	站台门系统侧 MPLJ	TCC 侧 MPLJF	站台门系统侧 MBJ	TCC 侧 MBJF	
1	2	3	4	5	6	7	8	9	10	11	12	13	14	15	16	17	18	19	20	21	22

注：表格内检查项目填写如下代号："√"表示正确，"×"表示错误，"△"表示无此条件，"○"表示本次试验不涉及该项。

试验人：　　　　　　　　　　复核人：　　　　　　　　　　第　　张，共　　张　　　　　　　　　　年　月　日

列控中心 ATO 功能测试记录表

单位：　　　　　　　　站名：　　　　　　　　列联表 16-2

股道名称	ATO 编码逻辑控制			站台门状态图形显示			有源应答器报文无 ETCS-5 应答器链接信息包		备　注
	股道正常发码	股道发 HU 码	股道发 H 码	关门	开门	异常（无状态）	X 行方向出站应答器组处有源应答器	S 行方向出站应答器组处有源应答器	
1	2	3	4	5	6	7	8	9	10

注：表格内检查项目填写如下代号：“√”表示正确，“×”表示错误，“△”表示无此条件，“○”表示本次试验不涉及该项。

试验人：　　　　复核人：　　　　第　　张，共　　张　　　　年　月　日

附录E　LKD2-2-TH型TCC设备检查表

表E.1　LKD2-2-TH型TCC设备检查表

序　号	检查项目			状态	备　注
1	TCC设备运行环境，空调运行状态				
2	TCC机柜及维护机风扇运行情况				
3	各板卡有无松动、损坏、过热、异味等				
4	电源指示灯是否正常、电流、电压指示是否正常				
5	电源接线端子有无松动				
6	主备机采集、驱动是否正常				通过维护机
7	TCC维护机工况图显示是否正常、图形回放是否正常				
8	TCC维护机当前及历史信息记录功能是否正常				
9	TCC维护机远程功能是否正常				拷贝其他站文件进行测试
10	TCC与其他设备(CSM、CTC、TSRS)通信状态是否正常				
11	网络各设备连接指示灯是否正常、连接是否牢靠				
12	TCC双机切换				根据规定周期
13	CI-CS	工作指示灯			
14		CPU1工作指示灯(A1/C1/T1/R1)			
15		CPU2工作指示灯(B2/C2/T2/R2)			
16	CI-TTU	工作指示灯			
17		CPU1工作指示灯(W1/E1/C1/R1)			
18		CPU2工作指示灯(W2/E2/C2/R2)			
19	IPU6板	PW指示灯			
20	F486-4I板(Ⅰ系)	D7灭灯时	D1(亮为主系、灭为备系)		
21			D2(灭)		
22			D3(亮)		
23		BER(灭)			
24	F486-4I板(Ⅱ系)	D7灭灯时	D1(亮为主系、灭为备系)		
25			D2(灭)		
26			D3(亮)		
27		BER(灭)			
28	FSIO板卡	1、2、3指示灯(闪表示有数据传送，灭表示无数据传送)			
29	Z2ETH板卡	WT指示灯亮灯			

续上表

序　号	检查项目		状态	备　　注
30	CANIF 板卡	ASR(亮)		
		BSR(亮)		
		A-T(闪)		
		A-R(闪)		
		B-T(闪)		
		B-R(闪)		
31	ET-LINE2B	NORMAL(亮)		
		TXD(闪)		
		RXD(闪)		
32	PIO2-LOG	SYSTEM(闪)		
		NORMAL(亮)		
		TXD(闪)		
33	PI-LOG	SYSTEM(闪)		
		NORMAL(亮)		
		TXD(闪)		

说明：工作状态的填写内容：与预期结果一致的填写“√”，与预期结果不一致的填写“×”。

附录F　列控中心故障处理流程

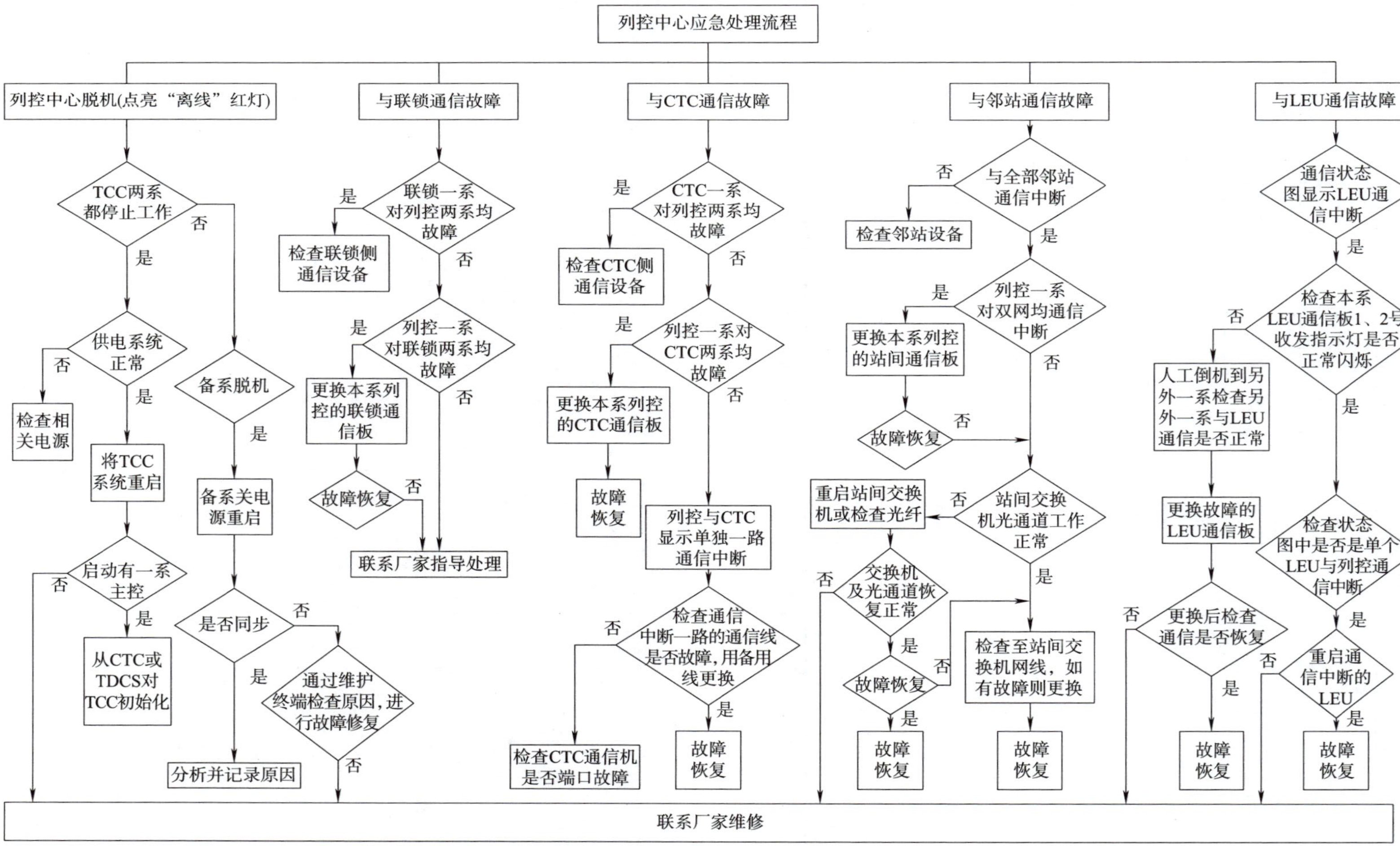

图 F.1　列控中心故障处理流程

附录 G 名词术语英(缩略语)中对照

英文缩写	英文全称	中文全称
ATC	Automatic Train Control	列车自动控制系统
ATO	Automatic Train Operation	列车自动驾驶
ATP	Automatic Train Protection	列车超速防护系统
BTM	Balise Transmission Module	应答器传输模块
CAN	Controller Area Network	控制器局域网络
CBI	Computer Based Interlocking	计算机联锁
CCS	Control Centralized System	动车段(所)控制集中系统
CSM	Centralized Signaling Monitoring system	信号集中监测
CTC	Centralized Traffic Control system	调度集中系统
CTCS	Chinese Train Control System	中国铁路列车运行控制系统
DMI	Driver Machine Interface	人机界面
DMS	Dynamic Monitoring System	列控设备动态监测系统
EB	Emergency Braking	紧急制动
EoA	End of Movement Authority	行车许可终点
GSM-R	Global System for Mobile Communications-for Railway	铁路数字移动通信系统
LEU	Lineside Equipment Unit	地面电子单元
MA	Movement Authority	行车许可
RBC	Radio Block Center	无线闭塞中心
RTU	Radio Transmission Unit	无线传输单元
SA	Signal Authority	信号许可
TCC	Train Control Center	列控中心
TCR	Track Circuit Reader	轨道电路信息接收单元
TDCS	Train Operation Dispatching Command System	列车调度指挥系统
TSR	Temporary Speed Restriction	临时限速
TSRM	TSRS Maintenance Terminal	临时限速服务器维护终端
TSRS	Temporary Speed Restriction Server	临时限速服务器
VC	Vital Computer	安全计算机

参 考 文 献

[1]Q/CR 817—2021　列控中心技术条件.

[2]TB/T 3484—2017　列控系统应答器应用原则.

[3]TB/T 3510—2018　列控中心接口规范.

[4]TB/T 3516—2018　CTCS-2 级列控系统总体技术条件.

[5]TJ/DW 176—2015　列控中心区间占用逻辑检查暂行技术条件.

[6]TJ/DW 191—2016　列控系统相关规范补充规定.

[7]TJ/DW 201—2018　ZPW-2000 系列轨道电路调谐区状态纳入列控中心区间轨道区段检查暂行技术条件.

[8]TJ/DW 220—2019　高速铁路 ATO 系统列控中心相关功能及接口暂行技术条件.

[9]TJ/DW 221—2019　高速铁路 ATO 系统应答器设置及应用暂行技术条件.

[10]TG/XH 217—2015　列控地面设备维护管理办法.